O Sentido da Vida e a Busca da Felicidade

XXIII FÓRUM NACIONAL

TEMA BÁSICO:
VISÃO DE BRASIL DESENVOLVIDO, PARA PARTICIPAR DA COMPETIÇÃO DO SÉCULO (CHINA, ÍNDIA E BRASIL). E O "SENTIDO DA VIDA"
16 A 19 DE MAIO DE 2011

PATROCINADORES - GRANDES BENEMÉRITOS

PATROCINADORES ESPECIAIS:  SIEMENS

INSTITUTO NACIONAL DE ALTOS ESTUDOS - INAE
Rua Sete de Setembro, 71 - 8º andar - Centro - Rio de Janeiro/RJ - CEP: 20050-005
Telefone: 21 2212-5200 - Fax: 21 2212-5214
e-mail: inae@inae.org.br - *site:* www.forumnacional.org.br

COLABORADORES

Gilberto de Mello Kujawski • Cristovam Buarque
Maria Clara Lucchetti Bingemer • Leandro Chevitarese • Mauro Motoryn
Roberto Cavalcanti de Albuquerque • Sonia Rocha
Cônego Manuel de Oliveira Manangão • Marilia Pastuk e Paulo Magalhães
Nelson Jobim • José Eduardo Cardozo • José Vicente da Silva Filho

O Sentido da Vida e a Busca da Felicidade

COORDENADOR

João Paulo dos Reis Velloso

JOSÉ OLYMPIO
EDITORA

© Gilberto de Mello Kujawski, Cristovam Buarque, Maria Clara Lucchetti Bingemer, Leandro Chevitarese, Mauro Motoryn, Roberto Cavalcanti de Albuquerque, Sonia Rocha, Cônego Manuel de Oliveira Manangão, Marilia Pastuk, Paulo Magalhães, Nelson Jobim, José Eduardo Cardozo, José Vicente da Silva Filho, 2011

Reservam-se os direitos desta edição à
EDITORA JOSÉ OLYMPIO LTDA.
Rua Argentina, 171 - 3º andar - São Cristóvão
20921-380 - Rio de Janeiro, RJ - República Federativa do Brasil
Tel.: (21) 2585-2060 Fax: (21) 2585-2086
Printed in Brazil / Impresso no Brasil

Atendemos pelo Reembolso Postal

ISBN 978-85-03-01131-0

Capa: LUCIANA MELLO & MONIKA MAYER
Diagramação: ABREU'S SYSTEM

CIP-Brasil. Catalogação-na-fonte
Sindicato Nacional dos Editores De Livros, RJ

S482
    O sentido da vida e a busca da felicidade / coordenador João Paulo dos Reis Velloso; Gilberto de Mello Kujawski... [et al.]. – Rio de Janeiro: José Olympio: INAE, 2011.
    23 cm.   -(Fórum Nacional)

    Trabalhos apresentados no XXIII Fórum Nacional
    Complementar de: China, Índia e Brasil: o país na competição do século
    ISBN 978-85-03-01131-0

    1. Desenvolvimento econômico – Brasil – Congressos. 2. Brasil – Política econômica – Congressos. 3. China – Política econômica – Congressos. 4. Índia – Política econômica – Congressos. 5. Brasil – Condições econômicas – Congressos. 6. Brasil – Política social – Congressos. 7. Inovações tecnológicas – Brasil. I. Velloso, João Paulo dos Reis, 1931-. II. Kujawski, Gilberto de Mello. III. Instituto Nacional de Altos Estudos. IV. Série.

11-5257.   CDD: 338.981
                                                   CDU: 338.1(81)

SUMÁRIO

TERCEIRA PARTE

SEGURANÇA, COM PRIORIDADE E URGÊNCIA
(NÃO MAIS O "CRIME SEM CASTIGO").
INTEGRAÇÃO DE GOVERNO FEDERAL, ESTADUAL E MUNICIPAL

Apresentação

*João Paulo dos Reis Velloso**

---

* Presidente do Fórum Nacional (Inae), presidente do Ibmec-Mercado de Capitais e professor da EPGE (FGV). Ex-ministro do Planejamento.

Publicamos dois livros complementares:

- *China, Índia e Brasil: o país na competição do século.*
- *O sentido da vida e a busca da felicidade.*

Reúnem eles o material relativo ao XXIII Fórum Nacional, de grande importância, na forma a seguir:

Se conjugarmos a participação na *competição do século* (China, Índia e Brasil, em lugar de apenas China *x* Índia) com a *visão de Brasil desenvolvido*, estaremos *mudando a história do país.*

Em número recente, *The Economist* publicou matéria de capa sobre o que denominou "The Contest of the Century: China *versus* India". E o Brasil, não está nessa disputa?

Esse foi o tema da Sessão de Abertura: A competição é entre China e Índia? Ou entre China, Índia e Brasil?

O Brasil pode entrar na disputa se passar a ter, através do governo, das lideranças políticas, empresariais e da sociedade, além das instituições de desenvolvimento, uma nova *visão estratégica, uma visão de país desenvolvido.*

E também se souber aproveitar as *grandes oportunidades econômicas* de que dispõe, notadamente o pré-sal e aquelas na área das *grandes tecnologias do século XXI* — principalmente TICs (Tecnologias da Informação e Comunicações) e biotecnologia com base na biodiversidade, além do impulso à inovação.

Para isso precisa manter bons fundamentos (especialmente na *área fiscal*) e construir dois pilares: *educação de qualidade* e um *Plano Diretor para desenvolver no Brasil a pequena empresa moderna.*

E também fazer uma opção: passar a considerar *a segurança como alta prioridade e com senso de urgência,* na articulação dos governos federal, estadual e municipal. A criação das UPPs foi só o ponto de partida.

Nessas condições, o Brasil poderá *acelerar o desenvolvimento social, eliminando a pobreza extrema e mantendo uma grande classe média.*

Finalmente, a visão do Fórum, com sentido humanista, além da prioridade ao *desenvolvimento social,* é preciso debater "O Sentido da Vida", que se exprime na "Busca da Felicidade" (Sessão de Encerramento). A importância dessa discussão fica clara quando lembramos que na "Declaração de Independência" dos Estados Unidos, em 1776, já se colocava entre as verdades a serem sustentadas como evidentes em si mesmas (por serem direitos inalienáveis), "A Vida, a Liberdade e a Busca da Felicidade" (*"The Pursuit of Happiness"*).

O SENTIDO DA VIDA
E A BUSCA DA FELICIDADE

PRIMEIRA PARTE

O SENTIDO DA VIDA
E A BUSCA DA FELICIDADE

"A busca da felicidade"

João Paulo dos Reis Velloso

"O sentido final da vida humana
está na busca pela felicidade."

Gilberto de Mello Kujawski[1]

"A BUSCA DA FELICIDADE — VISÃO DE 1776 (*"THE PURSUIT OF HAPPINESS"*)

"DECLARAÇÃO DE INDEPENDÊNCIA" (EUA)[2] (4 DE JULHO, 1776)

"Sustentamos essas verdades como por si mesmas evidentes, que todos os homens são criados iguais, que são dotados, pelo seu Criador, de certos Direitos Inalienáveis, entre os quais a *vida,* a *liberdade* e a *busca da felicidade."* (*"The Pursuit of Happiness"*)

(Preâmbulo)

---

[1] *O sentido da vida.* São Paulo: Editora Gaia, 2010.
[2] Redigida por Thomas Jefferson.

INTERPRETAÇÃO A BUSCA DA FELICIDADE
(*"THE PURSUIT OF HAPPINESS"*)[3]

Sumariando o que vimos, até agora, em nossa tentativa de entender a colocação da "Declaração", de que "entre esses Direitos (inalienáveis) estão a *vida*, a *liberdade,* e a *busca da felicidade* (grifo nosso)":

"1. O *direito fundamental* é a BUSCA DA FELICIDADE, com base em nossa obrigação de construir uma boa vida para nós próprios."

"2. Os Direitos à *vida* e à *liberdade* são direitos subordinados, porque são direitos a *meios* indispensáveis à BUSCA DA FELICIDADE. E também porque garantia de VIDA e órgãos, LIBERDADE de ação, e LIBERDADE política dependem de circunstâncias que estão dentro do poder de uma sociedade organizada, e do seu governo, de controlar."

Claro, existem outros direitos naturais. "Todos os seres humanos, por natureza, têm desejo de conhecimento. Mas esse e os demais direitos naturais são também subordinados ao direito à BUSCA DA FELICIDADE."

"A BUSCA DA FELICIDADE" E OS *FOUNDING FATHERS*

George Washington:

"O conhecimento é, em qualquer país, a base mais segura da felicidade pública."

Benjamin Franklin:

"A educação é o fundamento mais seguro da felicidade tanto das famílias como das comunidades (*Commonwealths*)."

---

[3] Ver Mortimer J. Adler. "Sustentamos essas verdades", Nova York: Macmillan, 1987.

John Adams:

"Para construir a boa sociedade, o povo e seus representantes devem cultivar o conhecimento, através de todo o espectro da ciência, literatura e das artes" (Constituição da Comunidade de Massachussets, elaborada por Adams).

E, em carta ao filho mais velho, em 1981, deu ênfase à "conexão entre Poesia e Felicidade".

De **Jefferson**, já sabemos: *Founding Fathers* e busca da felicidade:[4]

"Antes de tudo, significava a ampliação da experiência humana individual através da VIDA, da MENTE e do ESPÍRITO. Significava, acima de tudo, educação e disseminação do ensino, como disseram repetidamente, de todas as diferentes formas, ao longo dos anos."

"DECLARAÇÃO UNIVERSAL DOS DIREITOS HUMANOS" — ONU (1948)

Artigo 1º

"Todas as pessoas nascem livres e iguais em oportunidades e direitos. São dotados de razão e consciência e devem agir em relação umas às outras com espírito de fraternidade."

Artigo 3º

"Toda pessoa tem direito à VIDA, à LIBERDADE e à *SEGURANÇA PESSOAL*" (grifo nosso).

---

[4] Segundo o historiador David McCullough na introdução de *Life, Liberty and the Persuit of Happiness*. New Haven: Yale University Press.

1948 E 1776
E O DIREITO FUNDAMENTAL?

BUSCA DA FELICIDADE — VISÃO DE HUMANISTAS

Blaise Pascal (1623-1662)
(Matemático, Físico, Filósofo —
Inventor do Primeiro Calculador Digital)[5]

"O Universo é vasto e os homens, insignificantes. Mas têm almas e são dependentes de Deus." Em seu medo da vastidão do espaço, Pascal recorreu a um supremo ato de fé: "*O coração tem suas razões que a própria razão desconhece.*"

Nessa ordem de ideias, escreveu:

"O homem deseja ser feliz, e apenas deseja ser feliz, e não consegue desejar não sê-lo."

Pierre Bezùkhov, principal personagem masculino de *Guerra e paz*:

"O homem foi criado para a Felicidade. A Felicidade está dentro dele mesmo, na satisfação de suas naturais aspirações humanas. Toda infelicidade nasce não de privações, mas de superfluidades."

O CONTRASTE CHINA: PALAVRA DE
ORDEM É — FELICIDADE

I

"[...] A palavra de ordem destinada a mobilizar e motivar a população — num momento em que a China busca novos rumos

---

[5] *Encyclopedia Britanica*, Macropedia, vol. 6, p. 890.

Políticos, Sociais e Econômicos — é "Felicidade". As autoridades consideram que, depois de 30 anos de Crescimento Econômico e de sacrifício feito pelo povo para que a China se tornasse a segunda Economia Mundial, está na "hora de mais Felicidade aos que trabalham tanto".[6]

Programa "China Feliz" (2011/2015), aprovado pela Assembleia Nacional Popular

II

Em atendimento ao Programa, a província de Guangdong declarou-se oficialmente feliz, e passou a denominar-se "Feliz Guangdong".

---

[6] *O Globo*, 8/5/2011, p. 40.

"O sentido da vida — A busca da felicidade"

Gilberto de Mello Kujawski*

---

* Filósofo e escritor. Autor de *O sentido da vida*.

A VIDA NA FALA COTIDIANA

QUANDO FALAMOS OU ouvimos falar na "vida", em conversa com alguém, no que pensamos de imediato? Assim, em frases usuais, tais como: "pensar na vida"; "cada um sabe da sua vida"; "ganhar a vida"; "a vida passa rápido"; "Fulano está de bem com a vida"; "Beltrano leva uma vida de trabalho"; "a vida é o momento presente"; "dar a vida por uma causa"; "amar alguém mais do que a própria vida" etc.

Em todos os exemplos citados, extraídos do uso cotidiano, a palavra "vida" não aparece em acepção da vida biológica, como quando nos referimos à vida dos animais e das plantas. A acepção primária da palavra, em seu uso cotidiano, significa "histórias", "o drama de cada um de nós", os altos e baixos da existência; em suma, biografia, e não biologia. A vida, entendida no uso corrente, é a vida humana, a vida do homem de carne e osso, como diria Unamuno, "aquele que nasce, sofre e morre — sobretudo o que morre —, aquele que come e bebe e joga e dorme e pensa e quer, o homem a quem vemos e ouvimos, o irmão, o verdadeiro irmão" (Miguel de Unamuno, *Do sentimento trágico da vida*. Porto: Editora Educação Nacional, p. 11).

Quando indagamos pelo sentido da vida humana tomamos a vida em sua acepção corrente, usual, primária, da qual as demais acepções decorrem. A vida biológica, por exemplo, não passa de uma construção levada a efeito no âmbito primeiro, anterior, da vida como a entendemos nas conversas no dia a dia das pessoas comuns, que somos todos nós. Pois é no interior da vida humana que surge a ciência, a biologia, seu método, seu patrimônio conceptual e terminológico próprio. A concepção da vida em senso biológico é, pois, secundária e derivada (o que não diminui em nada sua importância). Primariamente, vida não é biologia mas histórias, peripécias; vida é memória, projeto, biografia.

Não é somente a ciência que se erige no âmbito interno da vida humana. Também a religião, a política, o Estado e todas as instituições, o direito, a economia, a arte, a história e a cultura. Todas as criações humanas ao longo do tempo são produtos deste dado anterior que é a vida humana, e se inscrevem dentro de seus limites. Os usos sociais, as crenças, as opiniões, as ideias, os ideais, os valores, os projetos individuais e coletivos têm como suporte o solo da vida humana, não existiriam sem ele, e se alimentam da seiva produzida em seu subsolo.

A VIDA HUMANA É A REALIDADE RADICAL

A vida humana — conclui Ortega — é a realidade radical. Não a única, nem a mais importante, simplesmente a realidade que constitui a *raiz* de todas as demais realidades, as realidades radicadas. Não só aquelas que o homem produz, citadas anteriormente (a ciência, a política etc.), como a natureza, e todas as demais realidades, efetivas ou presumidas, "que têm, de um modo ou de outro, que aparecer nela". Com efeito, realidade é tudo tal como nos aparece. E o âmbito, o cenário no qual todas as coisas nos aparecem é a vida humana. Por mais elevadas e sublimes que forem, é na área da vida humana, da minha vida, que eu as encontro, que deparo com elas. *Ser real* é o que se constitui na minha vida, nos limites dela.

Ortega demonstra sua tese de forma incisiva e em linguagem altamente dramática, ao escrever:

"Ao chamá-la 'realidade radical' não significa que seja a única, nem a mais elevada, respeitável ou sublime, sim que é a raiz — de onde, radical — de todas as demais, no sentido de que estas, sejam quais forem, têm, para ser-nos realidade, que fazer-se de algum modo presente ou, ao menos, anunciar-se nos âmbitos estremecidos da nossa própria vida. É, pois, esta realidade radical — minha vida —, tão pouco egoísta, tão nada egocêntrica, que é por essência, a área ou o cenário oferecido e aberto para que outra realidade se manifeste e celebre seu Pentecostes. Deus mesmo, para ser-nos Deus, tem que dar-se um jeito para denunciar-nos sua existência e por isso fulmina no Sinai, põe-se a arder nas plantas à beira do caminho e açoita os cambistas no átrio do templo..." (Ortega y Gasset, *El hombre y la gente*, VII, 101).

Em suma, realidade é tudo o que encontro no âmbito da minha vida, que constitui, por isso, a realidade radical. A vida humana, minha vida, é o único critério para definir algo como real, ou seja, algo que se constitui no âmbito da vida humana, a minha vida.

VIDA HUMANA É A MINHA VIDA

A vida me é dada, mas tenho eu mesmo que fazê-la, passo a passo, minuto a minuto. À diferença das plantas e dos animais que já nascem programados de acordo com seu gênero e espécie, eu tenho que construir minha vida por esforço e mediante recursos próprios. Por isso dizia Ortega que vida humana é *quefazer*, ou seja, viver dá muito que fazer, um fazer de todos os momentos, de todos os mínimos atos que constituem nosso dia a dia.

Por isso, a vida humana não é nenhuma categoria genérica. No sentido próprio e rigoroso, a vida humana é a *minha* vida, bem entendido, a tua vida, a dele, aquela que cada um de nós constrói por si mesmo, sem o concurso de mais ninguém. Só com a minha pessoa tenho compenetração e transparência. A minha dor de cabeça é vivida como realidade; a do meu amigo e da minha amada só a conheço por sinais externos.

EU SOU EU E MINHA CIRCUNSTÂNCIA

Eu construo minha vida em vista das circunstâncias.

Eu sou eu e minha circunstância, como sabem leitores e não leitores de Ortega y Gasset. Esta frase é quase sempre interpretada de maneira banal e inadequada, como se fosse um enunciado mediocremente oportunista. Não se trata disso. Na verdade, trata-se de uma descoberta tremenda, que veio abalar os fundamentos da filosofia no século XX.

Para começar, circunstância é tudo o que não sou eu. Tudo o que me cerca (*circum me*), que não sou eu, mas a que estou inexoravelmente vinculado. O país e o século em que nasci são minha circunstância; assim como a língua que falo, a sociedade de que faço parte, com seus usos peculiares, meu país, minha cidade, minha família, todo meu legado histórico e cultural, bem como meu corpo e minha alma.

Eu não sou nem meu corpo, nem minha alma. Encontro-me com ambos, como me encontro com uma paisagem. Então, quem sou eu? Eu não sou *coisa,* nem física nem espiritual. Sou alguém que tenho de fazer algo com as coisas, as circunstâncias, para sobreviver. Em outras palavras, sou um *projeto vital.* Projeto, quer dizer, alguém que se lança para o mundo, que se arremessa sobre as coisas para revesti-las de significado, nas palavras de Julián Marías.

"Eu" e "circunstância" não constituem termos separados nem separáveis entre si. Dão-se simultaneamente no *quefazer* da vida humana. São termos sincrônicos. A situação original da minha vida é estar às voltas com uma circunstância com a qual tenho de fazer algo para sobreviver. Neste *quefazer*, o que se dá é a interação entre "eu" e "minha circunstância" no ato de viver. Não se trata da adição de dois termos, como explica Marías, porque o primário é o dinamismo da vida, o que eu faço com minha circunstância.

O realismo (Aristóteles) sustenta a primazia das coisas sobre o eu, a ponto de que eu mesmo sou concebido como coisa. O idealismo, pelo contrário (Descartes), defende a primazia do eu sobre as coisas; estas acontecem "em mim", na esfera da subjetividade. A novidade da posição orteguiana é que não existe primazia, porquanto a realidade radical, minha vida, constitui-se do diálogo, da interação imediata entre eu e circunstância, não existindo eu sem a respectiva circunstância, nem esta sem correspondência com o eu.

A posição de Ortega vai além do sentido da realidade como "coisa", como o "em si"; ou como "em mim", o *eu* dos idealistas. Na descoberta da vida humana como realidade radical, na qual eu e circunstância interagem, sem primazia de uma sobre a outra, inicia-se nova ideia do real. Viver — diz Ortega — é tratar com o mundo, dirigir-se a ele, ocupar-se dele. Não há prioridade das coisas, como acredita o realismo, nem do eu sobre as coisas, como quer o idealismo. A realidade radical, da qual "eu" e "circunstância" são momentos abstratos, é o dinamismo do *quefazer* a que chamamos vida, como conclui Marías, meu encontro renovado com as coisas, sublinhando-se "encontro".

A VIDA HUMANA TEM SENTIDO?

Isto posto, a saber, que a vida humana é a realidade radical, vem à tona aquela indagação crucial, da qual não se pode fugir: será que a vida humana tem sentido?

Tomada de forma global, a vida humana, a realidade radical, funciona como um banco que empresta sentido a todas as realidades radicadas. A vida humana se desenha como um mapa dentro do qual ganha sua localização precisa tudo o que é humano e não humano. Por exemplo, a economia, a política, a vida pública, o desenvolvimento, o direito, os valores nacionais e supranacionais. Enfim, todos os temas escolhidos até agora para discussão neste Fórum Nacional. Até que chegou o momento em que seu organizador, João Paulo dos Reis Velloso, veio a perceber que assuntos como a economia e o desenvolvimento, a política, a ética pública, o destino dos países e do mundo só nos interessam, somente têm sentido, na medida em que se inserem neste tema maior, que é o âmbito da vida humana. Creio que foi daí, desta constatação, que nasceu a ideia do presente Fórum, dedicado ao estudo da vida humana e seu sentido.

A vida humana, *lato sensu*, em sua acepção mais ampla, como um mapa global, funciona como doadora de sentido a todas as coisas encerradas nos seus limites, marcando o lugar de cada uma e sua pertinência com as demais.

"Eu sou eu e minha circunstância, e se não salvo esta, não me salvo eu." Este é o enunciado completo da famosa intuição orteguiana em seu primeiro livro, *Meditaciones del Quijote* (1914). Salvar a circunstância quer dizer buscar o sentido do que nos rodeia, de modo a integrá-la melhor conosco. Minha circunstância faz parte de mim, do meu eu, que sem ela seria indigente, incompleto. Por isso nos interessa entender nossa circunstância sob todos os ângulos, como se procura fazer neste Fórum.

Mas esta conclusão não é satisfatória. Vimos que a vida humana, em sua acepção própria e rigorosa, é a vida de cada um de nós, a *minha* vida, porque é no âmbito da minha vida, da primeira pessoa do singular, que me aparecem a segunda e a terceira pessoas, e tudo o mais.

A vida humana pode ter sentido, doar sentido em sua escala global. Mas o que se pergunta é se a *minha vida,* a tua, a dele, a vida pessoal, tem sentido. Vida é tudo o que eu faço e me acontece. Será que este amplo enredo, formado por tudo o que eu faço e me acontece, tem algum sentido, uma direção definida, um nexo no qual se combine coisa com coisa, um significado? Ou será a minha vida aquele conto dito por um louco, lembrado por Shakespeare, sem continuidade nem coerência nem finalidade?

A FATALIDADE DA MORTE

O primeiro e mais repetido argumento contra o sentido da vida é a fatalidade da morte. O sentido e o valor da vida são postos em questão pela finitude da vida humana. *Mors omnia solvit.* A morte dissolve tudo, inclusive o sentido e o valor da minha vida que procuro construir com tamanho esforço, dia após dia. No romance *Anna Karenina* escreve Tolstoi: "Quando você percebe que vai morrer um dia desses e não vai restar mais nada, tudo se torna insignificante." Tanto vale fazer isso ou aquilo, e fazer benfeito ou malfeito, se a morte está à espreita para reduzir minha vida a um frágil castelo de areia.

Toda essa depressão niilista é muito discutível. Para começar, ela pode ser tomada ao contrário do que quer provar. Então, minha vida não tem sentido porque é finita? E se pensarmos que é justamente a finitude da vida que nos obriga a descobrir e a construir um sentido para ela? Vamos supor que a finitude não existisse, que minha vida dispusesse de um futuro interminável, sem lapsos nem esgotamento. Que aconteceria? Aconteceria que meu compromisso com o futuro seria eternamente adiado. Minhas tarefas todas seriam relegadas ao *sine die*. Minha vida, condenada à folga e ao descompromisso perpétuo, não encontraria jamais um rumo definido, um nexo entre minhas opções e minhas ações, e nenhum significado. Em suma, fosse minha vida livre da finitude, jamais eu me obrigaria a imprimir-lhe algum sentido por que teria todo o tempo do mundo a meu dispor. É a finitude da vida que lhe empresta aquele caráter de urgência que a distingue, a começar da necessidade de procurar um sentido para viver, a fim de que eu viva a *minha* vida, não a que me é imposta por pressões externas.

Afinal, a limitação é a medida do real sob todas as formas. O rio é um rio porque está limitado no leito pelas suas duas margens. Aquele jequitibá cresce até certa altura, não a perder de vista. Uma bela catedral ganha sua grandiosidade e seu estilo encerrada em seus limites próprios. O limite conforma e molda tudo o que é real. E a limitação da vida humana está para esta como as paredes do vaso que encerra seu conteúdo líquido. É a limitação da minha vida no tempo que me força a emprestar-lhe uma figura e um sentido para que minha vida não se perca, não se evole, não se dissipe como o perfume do frasco aberto.

Aí está: a finitude da vida não nega nem desmente seu sentido; pelo contrário, condiciona minha vida a imprimir-lhe forma, figura e direção, o que não aconteceria sem a perspectiva da morte que me interpela a cada dia e a cada instante. *Mors certa, hora incerta*.

O PROJETO VITAL

Como a vida humana não nos é dada feita, mas é preciso fazê-la, tenho de fixar um roteiro para determinar, previamente, quem vou ser. Por isso escreve Ortega que a vida é "faina poética", porque tenho de inventar quem vou ser. Eu sou um programa de futuro, um projeto do que vou realizar, e que tenho que imaginar em vista das circunstâncias.

O homem não está programado pela natureza, como as plantas, os animais, os minerais. A árvore que produz goiaba, jamais produzirá limão, nem o animal carnívoro irá pastar no campo, nem a pedra, solta no ar, tomará outra direção, a não ser a terra. Já o ser humano, para ser isso ou aquilo, tem de programar-se a si mesmo. Mesmo contando com seus instintos e sua herança genética (DNA), nada disso é decisivo em última instância. Cabe ao homem, à pessoa, determinar o que vai fazer com seus instintos e sua herança genética, como faz com sua circunstância. Esta não é unívoca, inclui sempre um teclado de possibilidades diferentes, que a pessoa deve escolher, como o pianista escolhe a tecla certa no piano.

Em outras palavras, como o homem tem de fazer ele mesmo sua vida, ele não pode deixar de ser livre. O homem, sustenta Ortega, "é forçosamente livre". Palavras textuais, pronunciadas em um curso público de filosofia, em 1929, editado posteriormente com o nome de *Qué es filosofia?* (OC, VII). Muito depois, Sartre escreveria algo parecido em *L'être et le néant*: "o homem está condenado a ser livre" (1943).

O homem é forçosamente livre porque, ao contrário de outros seres da natureza, não vem ao mundo programado antecipadamente, sim ele mesmo se programa ao viver. Significa que a liberdade não é nenhum dom adjetivo recebido pelo ser humano, e sim algo integrante da pessoa. Ser livre, acentua Ortega, significa "carecer de identidade constitutiva, não estar adstrito a nenhum ser determinado, poder ser outro distinto do que era antes, e não poder instalar-se de vez e para sempre em nenhum ser determinado" (Ortega y Gasset, *Historia como sistema*. OC, VI, p. 34).

A VOCAÇÃO, FIO DE PRUMO DO PROJETO VITAL

No curso da história, a pessoa tem encarnado múltiplos e contraditórios papéis, "da fêmea paleolítica à marquesa de Pompadour, de Gengis-Khan a Stephan George, Péricles e Charlie Chaplin", lembra Ortega. Na vida individual, a pessoa oscila entre projetos os mais sedutores, cheios de lances criativos e originais, alguns fora de alcance, e papéis vulgares e mesquinhos, adequados a uma existência medíocre e apagada. É na fase juvenil, em que a imaginação corre mais acelerada, que a pessoa se perde entre as possibilidades mais disparatadas e irrealistas, num torvelinho rocambolesco e inconsequente. E é na maturidade que corre o risco de demitir-se de si mesma, em troca da segurança, do conforto e do bem-estar.

Recordando o que foi dito: o homem é forçosamente livre porque não foi programado pela natureza como as plantas, os animais e os minerais. Ser livre significa carecer de identidade constitutiva, como as coisas que nos cercam (A = A). A liberdade não é algo que faz parte do homem, ela é o próprio homem. Esta disponibilidade universal do ser humano, predispondo-o a adotar mil e uma direções possíveis, dificulta na vida humana a adoção de seu rumo autêntico e verdadeiro. O excesso de oferta, de possibilidades, de projetos disponíveis, dificulta a escolha da opção certa, aquela na qual eu me estabilizo com a maior plenitude e o máximo rendimento.

Todos os projetos de vida que acenam para nós se nos apresentam como possíveis; podemos ser um ou outro, e esta é a razão de nossa perplexidade e incapacidade de decisão. Mas eis que um desses projetos, e só um deles, *chama* por nós com apelo especial, como se fosse feito sob medida para nossa pessoa. Este chamado se diz em latim *vocatio*, ato de chamar, apelo. É a vocação. O chamado para ser *quem* somos de verdade, reproduzindo o desafio lançado aos atletas olímpicos pelo poeta Píndaro, para que não desistissem de competir: *transforma-te em quem és* (século V a.C.).

A vocação consiste em um apelo que emerge do nosso fundo mais íntimo e secreto para que nos transformemos em nós mesmos, isto é, que concretizemos como realidade aquele que somos só virtualmente.

Segundo Ortega, este é o ingrediente mais estranho e misterioso do homem. Por um lado é livre, não tem que ser por força nada, e sem embargo, perante sua liberdade se alça sempre, com caráter de necessidade e destino, um imperativo dizendo-lhe: "podes ser o que quiseres, mas só se queres ser de determinado modo serás quem tens que ser".

A vocação não se impõe, podemos recusá-la e seguir outro caminho, mas nossa vida estará então irremediavelmente falsificada, e nos arrastaremos todo o tempo como cadáveres ambulantes.

Na vocação reside a verdade da minha vida. Ela não consiste em um projeto arbitrariamente inventado por mim. Não escolhemos nem nossa circunstância, nem nossa vocação. Vocação é destino.

Durante muito tempo, a palavra "vocação" designava só o apelo ao sacerdócio, à vida religiosa. Este precedente, somado ao feitio "misterioso" daquela voz que nos chama, pode sugerir que a vocação venha a ser interpretada como um chamado sobrenatural, soprado por Deus no coração da pessoa. Não se trata disso. Ao início da *Ética a Nicômaco,* Aristóteles lembra que devemos procurar para nossa vida uma finalidade, como o arqueiro procura um alvo para sua flecha. É disso que se trata. Nossa vida está disparada no futuro, endereçada a certa finalidade que é aquele quem somos de verdade. A vida humana não se explica por causalidade mecânica, e sim pela causa final. O chamado da vocação não passa do aviso antecipado do alvo ao qual estamos endereçados, como a flecha do arqueiro quando este a dispara.

A vocação não coage, não força ninguém, não se impõe, apenas se propõe. Mas, desde que aceita, ela se encarna na pessoa e se transforma em *missão,* realização de um imperativo. O caráter de missão confere à vida humana sua máxima dignidade: ter de fazer o que só nós podemos fazer, como sabemos fazer, e mais ninguém. A missão é intransferível. Por isso, ao contrário do que se diz, somos insubstituíveis.

VOCAÇÃO EM *LATO SENSU*

A vocação nem sempre coincide com os dotes da pessoa. Nosso amigo Alfredo está muito bem-dotado para a matemática, mas sua vocação é a literatura. Carlos Alberto está soberbamente capacitado para administração de empresas, mas sua vocação é o esporte, a corrida de automóvel. E aquele médico, cardiologista renomado, de repente fecha a clínica e abre um restaurante para se dedicar à sua vocação, a alta gastronomia.

A vocação sem os dotes fica improdutiva, atrofiada. Os dotes sem a vocação degeneram em puro virtuosismo, na atividade brilhante, mas mecânica, sem alma nem convicção.

Vulgarmente, restringe-se a vocação à profissão, às carreiras, aos ofícios mediante os quais angariamos recursos para subsistir. O significado da palavra "vocação" neste texto ultrapassa de muito as trajetórias genéricas e esquemáticas que são as carreiras. Trata-se da vocação no sentido lato, não especializado, aptidão para fazer isso ou aquilo. Fazer isso ou aquilo, mas de certo modo e com um estilo personalíssimo, de que somente eu sou capaz. Vocação é um compromisso de vida total, que transparece em todos os minutos da minha existência, certa e rigorosa aspiração de *ser*, não meramente de operar neste ou naquele setor da vida prática.

A vocação se constitui de uma inspiração pessoal que nos absorve na integralidade de nosso ser, incluída a profissão, o trabalho, mas extensiva também ao lazer, ao amor e à amizade, ao emocional, ao humor, à ética e aos valores que vivemos no cotidiano, como nossas preferências estéticas e culturais. Molda de alto a baixo nosso estilo de ser, modula em detalhes nossas ações e reações. A vocação se constitui na inspiração integral de quem tenho que ser, responde pela minha concepção e meu sentimento do mundo, desde suas grande linhas até minha maneira de falar, de ouvir e de dizer "bom-dia".

Na vocação se condensa todo o sentido da vida, da minha vida personalíssima, única e insubstituível, que não se limita ao meu modo de trabalho, mas alcança e integra minha vida e minha pessoa em sua globalidade.

O sentido da vida está inscrito em minha própria vida, na vocação, que representa a verdade da minha pessoa. Quando se diz que para dar sentido à vida temos de aderir a uma religião, ou a um credo político, ou cultural, segue-se uma pista falsa. Dar sentido à vida significa favorecer e alimentar a vocação que palpita no mais íntimo de cada um de nós; não exige que alguém se mobilize sob alguma bandeira localizada fora de nós, como um partido político ou uma ONG, ou nada parecido.

No cultivo da vocação, no sentido mais lato, reside o sentido da vida, formulado naquele enérgico imperativo do poeta Píndaro, que viveu cinco séculos antes de Cristo: *transforma-te em ti mesmo!* Esta incitação resume o maior imperativo ético de todos os tempos. A ética da vocação está na medida de cada pessoa, não é aquela ética genérica e abstrata, a pesada ética do dever ser kantiano, idêntica para todas as pessoas. Viver com ética significa viver centrado na minha vocação pessoal, na minha diferença, movido na direção para mim mesmo, como a flecha é movida pelo seu alvo certeiro.

E não se trata de ética egoísta ou egocêntrica, porque eu sou eu *e minha circunstância*. A pessoa do outro faz parte integrante de mim mesmo.

A FELICIDADE É POSSÍVEL?

Tudo o que nós fazemos é em vista da felicidade. E quem se nega a ser feliz, está feliz com tal negação.

A felicidade é o horizonte insuperável da vida humana, o norte que dirige cada um de nossos passos. O horizonte é inatingível, está sempre mais à frente do ponto a que chegamos. Mas sem a atração do horizonte ficaríamos estacionados, não caminharíamos para a frente. E a vida é operação que se faz para a frente, rumo ao futuro.

Assim é a felicidade. Sem seu horizonte a vida seria impossível, mas nada garante que ela está ao nosso alcance. Podemos alcançá-la, mas não totalmente. Será sempre o copo meio cheio, meio vazio. A utopia não é para ser realizada, e sim para permitir a realização de outras coisas, em seu nome.

"A felicidade — diz Leibniz — é para as pessoas o que a perfeição é para os entes" (*apud* Julián Marías, *A felicidade humana*).

A felicidade é para a pessoa um estágio de perfeição, de suma perfeição, proporcionada pela fidelidade e o exercício da vocação levada ao seu máximo limite. A vocação, o "transforma-te em quem és", dilata em toda sua possível plenitude a vida e as potencialidades da pessoa. E a plenitude possível de uma vida não é outra coisa, senão a *felicidade*. Em outras palavras: a vocação, levada aos seus últimos efeitos, desagua na felicidade, na vida feliz. A vida feliz é, antes de tudo, a vida que acertou consigo mesma ("transforma-te em quem és"). A vida centrada em si mesma, isto é, na sua vocação em sentido amplo e global, esta é a vida para a qual sorri a felicidade.

O tema da felicidade é escorregadio e delicado. A felicidade não comporta nenhuma concepção de feitio idílico e idealizado, como se a vida feliz estivesse encerrada em uma redoma de cristal à prova de sobressaltos, infortúnios e instabilidades de todo tipo. Não se trata disso. Sobressaltos, desgraças, fracassos, desastres, doenças, perdas irreparáveis são coisas que acompanham a vida humana em todos os tempos e condições. A diferença é que a pessoa feliz, que aprendeu a evoluir centrada em seu próprio eixo, está provida de mais recursos para enfrentar e superar os acidentes a que está sujeita a vida humana, cuja característica mais entranhada é a insegurança, a falta de garantia e proteção contra as intempéries que nos assaltam por todos os lados. A pessoa feliz (centrada) lida melhor com o infortúnio.

A felicidade é o norte da vida humana e a vocação é a rota que nos encaminha rumo a este norte. Como a vocação é personalíssima, a felicidade assume a forma e a figura de cada vocação. A felicidade de uma pessoa não se iguala à de outra. A felicidade é a *minha* felicidade, a *tua,* a *dele.* Não pode ser padronizada pelos manuais de autoajuda.

Felicidade é mais do que a riqueza, o prazer, a alegria, o bem-estar, o conforto. A felicidade consiste na plenitude da pessoa, centrada vez por todas na vocação, entendida como sua *forma personalíssima de convivência com o mundo.* Prazer, alegria, riqueza, bem-estar, conforto podem acompanhar a felicidade, como seus complementos, mas não constituem a própria felicidade. No limite, a pessoa pode estar abandonada no fundo da pobreza, em meio ao sofrimento, à tristeza, ao desconforto e ao mal-estar, a pessoa pode habitar um campo de concentração, a pior caatinga do Nordeste, os porões das grandes cidades, e, no entanto ser feliz, radiante de otimismo e de vitalidade criadora.

Porque FELICIDADE é estar integrado, acertado consigo mesmo, independente das facilidades que nos sorriem e das dificuldades que nos oprimem. Por isso a felicidade não é apenas um "momento" fugaz, como se diz, e sim uma duradoura instalação vital. Não um festivo momento de alegria, mas uma *joy for ever.* Estar de bem com a vida, mesmo se a vida não vai bem.

PEC da Felicidade

*Cristovam Buarque**

---
* Senador (PDT-DF).

DURANTE A CAMPANHA para governador do Distrito Federal, em 1994, senti que, se eleito, meu papel seria eliminar o máximo de entulhos que dificultavam a vida de cada morador da cidade na busca da sua felicidade pessoal. Nunca tive a ilusão de que ajudaria na conquista da felicidade, apenas achava que, se eleito, tinha de oferecer as condições sem as quais essa busca ficaria difícil ou até impossível.

A felicidade não se compra, ainda menos pode ser criada por governantes, políticos ou documentos legais. Mas leis e governos são muitas vezes produtores de infelicidade ou facilitadores da felicidade.

Hitler e Stalin são exemplos máximos de causadores de infelicidade. Mas há outros que sem fazer guerras ou provocar holocaustos são causadores de infelicidade por ação ou omissão. A vida moderna apresenta diversos impedimentos que dificultam, atravancam o caminho para as pessoas buscarem a felicidade. Por exemplo, a falta de atendimento de serviços de saúde, matrícula em escolas, habitação, emprego, luz, liberdade, segurança, a persistência nas filas, a corrupção, a violência, a inflação, e os engarrafamentos quando estamos com pressa.

Por decisões erradas, governantes provocam falhas no trânsito ou na segurança; promovem o sentimento de vergonha por causa da corrupção, além de desvio de dinheiro público que deveria servir a obras facilitadoras de busca da felicidade pessoal. Causadores de infelicidade não são capazes de eliminar entulhos sociais, nem de agir como facilitadores da busca da felicidade. Incapazes de eliminar causas de infelicidade, terminam sendo seus promotores, porque a ausência de serviços e de organização social dificultam a busca da felicidade por cada indivíduo.

Nenhum governante pode fazer uma pessoa mais feliz porque os valores são subjetivos, e são inúmeras as variáveis que tocam a vida e a emoção de cada cidadão, mas pode causar infelicidade ou facilitar a busca de felicidade. Por isso o papel do dirigente político é eliminar entulhos nessa busca e conduzir o país a um tempo mais feliz.

Quando, em 1995, assumi o governo do Distrito Federal, tentei cumprir meu papel: ajudar o povo da minha cidade a buscar a felicidade, reduzir os entraves que dificultavam esta busca, herdados devido à falta de cuidados com os serviços públicos. Tomei cada decisão pensando em criar condições para que os habitantes de Brasília tivessem menos dificuldades para buscar sua própria felicidade.

Graças a esta orientação, fomos os pioneiros mundiais de um programa que pagava às famílias pobres para que seus filhos estudassem. Isso trouxe imediatas satisfações para mães que não tinham emprego nem renda e ganhavam uma bolsa do governo uma vez que seus filhos estivessem matriculados na escola. Investimos maciçamente na educação das crianças, sem a qual teriam dificuldades em buscar felicidade, por falta de emprego, de renda, de mobilidade social, quando vierem a ser adultos. A educação não basta, mas sem ela fica bem mais difícil a realização pessoal. Criamos um sistema de saúde que levava médicos até as casas das pessoas. Não é difícil imaginar a infelicidade do paciente sem atendimento médico, e a alegria de um idoso pobre recebendo um médico do setor público em sua casa. É como a alegria de quem recebeu luz elétrica em casa pela primeira vez. Essa emoção não é sinônimo de felicidade, mas é um passo para chegar a ela, ou, pelo menos, um fator da redução de entulhos antifelicidade. Não é condição suficiente, mas necessária.

Outros programas implantados no meu mandato mostram este compromisso ao usar o governo como ferramenta facilitadora para a busca de felicidade por cada pessoa.

Programa	Impacto relacionado à felicidade
Bolsa Escola	Facilitou a vida de cada mãe de família ao oferecer um salário-mínimo em troca da frequência de seus filhos na escola
Poupança Escola	Deu a cada criança um depósito em caderneta de poupança por ano, se ele fosse aprovado, liberando o depósito quando concluísse o ensino médio. Duas alegrias a cada ano, passar e receber o depósito. E duas maiores quando concluísse o ensino médio.
Matrícula Teleinformatizada	Eliminou as filas para a matrícula que passou a ser feita por telefone da residência do aluno.
Mala do Livro	Levou o gosto da leitura para dentro das casas de famílias que não tinham livros.
Respeito à Faixa de Pedestre	Ofereceu autoestima ao pedestre, orgulho ao motorista, dando a todos uma sensação de bem-estar.
Paz no Trânsito	Em quatro anos, reduziu em 30% o número de mortos no trânsito, conseguiu eliminar filas e sobram leitos nas seções de politraumatizados dos hospitais. Reduziu a infelicidade dos que perdiam parentes e amigos ou tinham de cuidar deles pelo resto da vida devido às sequelas dos acidentes.
Saúde em Casa	Levou o atendimento médico ao lar, proporcionando ao paciente sensação de felicidade, recebendo o médico em sua casa, sem fila.
Universalização de água, luz, esgoto, coleta de lixo	Imediatamente, transmitiu sensação de alívio do sentimento de antifelicidade por causa das doenças, do trabalho de carregar lata d'água, pisar na sujeira, sentir mau cheiro, ficar na escuridão.
Temporadas populares	Ofereceu espetáculos artísticos a preços baratos para a população, levando alegria e o sentimento de felicidade, mesmo que por poucos minutos.

Por causa dessa minha convicção, recebi, com satisfação, de Gilberto Dimenstein e Mauro Montorin, do Movimento Mais Feliz, a ideia de apresentar ao Senado a proposta de inclusão da palavra "felicidade" na nossa Constituição. Depois de diversas análises, a fim de evitar passar a falsa noção de oferecer e distribuir felicidade por meios legais, escolhemos um caminho simples ao incluir no texto da Constituição aquilo que senti quando governador: que *a oferta dos serviços sociais é uma condição básica para que cada pessoa possa buscar sua felicidade pessoal,* conforme ela queira e definia subjetivamente, mas sobre condições concretas e objetivas do mundo e da cidade em que vive.

A reforma da Constituição explicitaria o que qualquer análise e meu sentimento de candidato e de governador diziam: definir que os serviços sociais são condições essenciais para a busca da felicidade de cada pessoa.

Isto foi feito com o acréscimo de apenas três palavras no artigo 6º: Dos Direitos Sociais.

Onde hoje se diz:

"São direitos sociais: a educação, a saúde, a alimentação, o trabalho, a moradia, o lazer, a segurança, a Previdência Social, a proteção à maternidade e à infância, a assistência aos desamparados, na forma desta Constituição."

O texto mudaria para:

"São direitos sociais, essenciais à busca da felicidade, a educação, a saúde, a alimentação, o trabalho, a moradia, o lazer, a segurança, a previdência social, a proteção à maternidade e à infância, a assistência aos desamparados, na forma desta Constituição."

Com apenas 26 letras, podemos trazer para o exercício da política o compromisso dos eleitos para eliminar dificuldades, muitas vezes criadas pelos governantes, que impedem a possibilidade das pessoas de buscarem a própria felicidade. Além disso, a emenda pode fazer o eleitor julgar seus eleitos pelo que eles fizeram para ajudar ou atrapalhar o direito à busca da felicidade pessoal. Com esta simples mudança, esperamos que milhares de políticos percebam e adotem a noção de que devem ajudar cada indivíduo a ter melhores condições para buscar a felicidade pessoal sem os entulhos que a política tende a criar ou não busca eliminar. Também esperamos que os eleitores olhem para seus candidatos, perguntando-se qual deles tem sentimentos e propostas para ser facilitador do caminho à felicidade, a ser conquistada por cada pessoa, em vez de serem elemento entravador na busca da felicidade.

Talvez por causa do radicalismo implícito na PEC da Felicidade, ela tenha recebido tantos comentários desairosos e sempre com base em interpretações equivocadas e sem conhecimento histórico.

"Life, Liberty and the pursuit of happiness" é uma das mais famosas frases na Declaração de Independência dos Estados Unidos por Thomas Jefferson. Já em 1672, o filósofo Richard Cumberland escreveu que "a promoção do bem-estar aos cidadãos é essencial para a busca de nossa felicidade".

A Declaração dos Direitos dos Estados Unidos, de 1776, adotou no seu artigo 1º que: "Todo homem é igualmente livre e independente e tem certos direitos inerentes... o usufruto da vida e da liberdade, com os meios para adquirir e processar propriedade, *buscar e obter felicidade e segurança."* A segunda seção da Declaração de Independência diz: "Nós declaramos que são evidentes as verdades de que todos os homens são criados igualmente, que eles recebem do Criador certos direitos inalienáveis, *entre eles, vida, liberdade e a busca da Felicidade."*

Estes conceitos perderam valor com a consolidação da civilização industrial, no século XIX, e a primazia da produção e do consumo com o propósito social, no século XX. Ao vincular bem-estar e felicidade de cada pessoa ao montante de sua renda e consumo, as propostas da Declaração de Independência foram sendo esquecidas. Thomas Jefferson foi substituído por Henry Ford.

No século XXI, com os claros limites éticos e físicos ao crescimento econômico para todos, a noção da importância da felicidade começa a renascer. Como hoje parece absurdo medir o prestígio de um homem pelo número de escravos que ele tem, o que era normal no Brasil de apenas 125 anos atrás, no futuro poderá ser considerado absurdo medir o progresso de uma sociedade pelo número de carros que ela produz.

Apesar da violência induzir angústias, perda de encontros, redução no tempo livre e aquecimento do planeta, a ideia do PIB como indicador de riqueza e, consequentemente, de felicidade ainda é aceito. Mas algumas pessoas mais atentas começam a se chocar com a concepção de que, quanto mais tempo presa no trânsito com o carro ligado, mais feliz ela será, porque, no final do ano, o PIB terá crescido com a queima de combustível, mesmo sem movimentar os carros.

Já se começa a perceber que o aumento da renda não permite comprar os bens fundamentais, nem os direitos sociais: saúde, segurança, educação para todos só é possível com serviços públicos de qualidade para todos. E sabe-se que sem a garantia destes direitos sociais as pessoas têm menos possibilidade de serem felizes. A intenção de vincular a busca da felicidade ao acesso aos direitos sociais não se choca com o senso comum, não compõe o conjunto de ideias que nascem mortas por serem insensatas, ridículas, contra o senso comum.

É dentro do espírito da PEC da Felicidade que alguns países estão buscando incorporar a felicidade nos seus instrumentos legais: leis e Constituição. A França está tentando estimar um indicador que substitua o PIB, trocando a renda da produção e do consumo pelo bem-estar e pela felicidade. Por esta concepção, em cujo espírito está a chamada PEC da Felicidade, o bem-estar seria considerado pela eficiência do transporte, mais do que pelo número de automóveis engarrafados, que serve de obstáculo à felicidade de quem quer chegar cedo à casa ou ao trabalho. As Nações Unidas já estimam o Índice de Valorização Humana (IVH), considerando expectativas, sonhos, ambições e realização pessoal. É um passo para a estimação de uma Felicidade Interna Bruta (FIB). O IVH já foi avaliado para diversos países, como México, França e Portugal.

A PEC coloca o Brasil em sintonia com a visão que está surgindo no mundo, de que a produção e o consumo, e mesmo a renda, não substituem a felicidade.

Por isso, embora a ideia de vincular *felicidade aos direitos sociais* ainda pareça prematura, ela já não parece insensata. A felicidade como um propósito político, legal, começa a renascer. É óbvio que a PEC da Felicidade — nome que recebeu sem corresponder à sua realidade e intenção — não vai oferecer felicidade a ninguém. Essa interpretação é tão inapropriada que surpreende o fato de pessoas inteligentes imaginarem ser esta sua finalidade.

Há ideias que se tornaram obsoletas, depois de anos ou séculos de plena vigência. *O Sol gira ao redor da Terra* ou *A terra é plana, A escravidão é natural e o Brasil não sobrevive sem ela* pareciam concepções óbvias, carregavam toda a certeza do mundo e, mesmo assim, um dia, morreram, enterradas no ridículo e na vergonha. Da mesma forma, todas as pessoas serem iguais perante a lei, os negros terem os mesmos direitos que os brancos pareciam ideias absurdas e tornaram-se princípios aceitos por todos. *Todos têm igual direito ao acesso à escola com a máxima qualidade, todos têm direito à vida, ao mesmo serviço de saúde, independente da renda* ainda são questões não aceitas por algumas pessoas. Parecem utópicas, irrealizáveis ou mesmo desnecessárias.

"A riqueza e a felicidade de um povo são diretamente proporcionais à sua renda per capita, medida pelo PIB dividido pela população" é uma ideia extravagante, mas continua viva há quase dois séculos. Apesar de começar a mostrar sinais de fragilidade, ainda não está moribunda. Mas ao seu lado já começam a surgir novos conceitos de medição do bem-estar e da riqueza, como o Índice de Desenvolvimento Humano (IDH) e o novo conceito recentemente desenvolvido na França, por grandes economistas, como Joseph Stiglitz e Amartya Sen.

Algumas ideias nascem mortas por divórcio com a realidade, recusadas por serem estúpidas. Ainda há outras que nascem doentes, por serem prematuras ou por falta de comunicação correta, o que faz com que pareçam estúpidas no momento em que tentam nascer. Parecem estúpidas até serem recuperadas quando a realidade passa a aceitá-las ou quando um bom comunicador consegue mostrar sua correção.

A ideia de que a "busca da felicidade depende do atendimento dos direitos sociais" não é absurda. Mesmo assim, depois de lançada no

Senado, está com dificuldades em ser entendida e aceita. Ela generalizou o sentimento de que a ideia era a seguinte: está assegurado o direito à felicidade para cada brasileiro. Ideia ridícula, insensata e que, por isso, caiu no ridículo, pelos meios de comunicação. Ao entenderem dessa maneira, as pessoas tiveram o bom-senso de recusar o que parecia não ter bom-senso.

Tudo começou com a apropriação pelo nome de PEC da Felicidade. O nome apropria a ideia e dá-lhe feição. E não conseguiu dar-lhe um nome aceitável para um conceito complexo como *PEC da essencialidade dos direitos sociais como condição prévia para a busca da felicidade por cada pessoa.* Por falta de cuidado para transformar o complexo em simples, criar uma marca com nome inteligível, o conceito de *direitos sociais são essenciais à busca da felicidade* passou, naturalmente, para o conceito da *busca da felicidade, um direito social assegurado pela Constituição.* Acostumados à simplicidade de conceitos, resistentes a toda forma de complexidade, mídia e população transformaram a ideia e inventaram o novo, simples e absurdo conceito. Espontaneamente, a ideia foi transformada, apropriada e caiu na opinião pública como mais um absurdo de congressista.

Cabe aos filósofos analisarem como uma ideia sensata, até óbvia, *o atendimento dos direitos sociais são essenciais à busca da felicidade*, ficou insensata ao ser entendida como a insensatez de outra ideia, completamente diferente de *assegura-se o direito à felicidade para cada brasileiro e brasileira.*

Uma segunda recusa à PEC da Felicidade decorre de que a ideia pode parecer desnecessária, porque os direitos sociais já conteriam a busca da felicidade. Mas este não é o caso. Direitos sociais formam um conceito político e social, distante do indivíduo; felicidade aproxima os direitos sociais políticos e coletivos do emocional, humaniza-os, traz o sentimento de que, sem sua oferta a todos, cada pessoa tem menos chance de buscar sua felicidade.

A simples inclusão das três palavras amplia o compromisso das pessoas, humaniza o texto constitucional, ao vincular um conceito político e social a um conceito emocional e aproxima os direitos sociais do interesse pessoal.

Mesmo assim, a ideia mal explicada não será aceita, poderá ficar viva, mas na UTI das ideias ainda prematuras. "A Terra ao redor do Sol" ficou quase dois mil anos na UTI de ideias prematuras. Ou morrerá e ficará como um caso de estudos sobre como a crença das pessoas em um conceito se espalha e se consolida com uma versão que não corresponde à própria ideia. Este texto talvez não mude a opinião dos que já firmaram posição na PEC da Felicidade como um instrumento despropositado para garantir felicidade por decreto. Porque depois de um conceito consolidado, os cérebros tendem a recusar a mudar seu significado. Raros serão capazes de substituir a crença em um preconceito por uma reflexão sobre a realidade do conceito. Da mesma forma, que apesar de toda desmoralização do PIB, o "decrescimento" econômico como forma de ampliar o bem-estar social e, portanto, a felicidade das pessoas, continua sob o repúdio implícito do deboche, sem ser analisado.

A boa proposta só é boa se for bem entendida. Por isso, é fundamental convencer a opinião pública da conveniência e da necessidade da inclusão na Constituição das palavras: *essenciais à busca da felicidade*. Pelas vantagens que ela traz, e para não ficarmos atrasados em relação a outros países, o Brasil precisa aprovar esta PEC da essencialidade dos direitos sociais como essenciais à busca da felicidade.

O projeto já aprovado na Comissão de Constituição e Justiça do Senado deverá ser levado para o Plenário com o entendimento e a aceitação da opinião pública de seu propósito correto.

Este texto é apresentado na tentativa de abrir o debate sobre esse entendimento e atrair apoio para a ideia, ou provocar argumentos contrários que a recusem de uma vez.

O sentido da vida: pergunta e plenitude

*Maria Clara Lucchetti Bingemer**

* Escritora. Decana do Centro de Teologia e Ciências Humanas, PUC-Rio.

A PRIMEIRA APROXIMAÇÃO ao tema do "sentido da vida não pode ser outra senão a referência à pergunta pelo sentido em sua condição de primordialidade para o ser humano de uma forma inteiramente peculiar".[1] Trata-se de uma pergunta universal, com a qual nenhuma pessoa deixa de enfrentar-se em algum momento da vida. É, além disso, uma pergunta radical como nenhuma outra, porque se refere ao espaço aberto de "questionabilidade" que permanece diante do ser humano, uma vez que este respondeu às questões concretas que lhe coloca o fato de viver. A pergunta pelo sentido da vida, por isso mesmo, envolve todas essas questões prévias, ao mesmo tempo em que as transcende. Além disso, põe em destaque a radical problematicidade, ou melhor, a condição misteriosa da própria vida. Não pedi para nascer e não quero morrer: eis o arco da questão humana pelo Sentido. A pergunta pelo sentido da vida qualifica o ser humano como tal, uma vez que, dentre os seres criados, apenas ele a formula. Além disso, sublinha a definição da vida humana e da própria criatura humana como mistério criado, que necessariamente remeterá à pergunta pelo Mistério Incriado que é Deus.[2]

A pergunta pelo sentido é enunciada de formas notavelmente variadas, de acordo com a época histórica, o contexto vital, a situação da pessoa ou grupo que a postula e a dimensão da existência na qual aflora. Ela nasce da descoberta que todos fazemos em algum momento e que nos leva

---

[1] Velasco, J. M. *Mística y humanismo*. Madri: PPC, 2007, p. 203.
[2] Cf. Rahner, K. *Curso fundamental da fé*. São Paulo: Paulinas, 1989.

a um questionamento sobre a vida. Nesse questionar-se, perguntamo-nos se a vida significa algo ou não é mais que uma sucessão absurda de fatos brutos sem sentido? Ante as atitudes e exigências que comporta a existência na terra e as contrariedades e sofrimentos que a acompanham, todos os humanos já se perguntaram algum dia se vale realmente a pena viver.[3]

Neste texto, trazemos aqui o olhar de outra área do saber que reflete sobre a questão do sentido da vida: a teologia, inteligência da fé, fé que busca seu objeto. Com o olhar da teologia procuraremos refletir sobre este tema que sempre inquietou e inquieta o ser humano frágil mas criado para a autotranscendência.

A PERGUNTA PELO SENTIDO APÓS A VIRADA MODERNA

Embora seja uma pergunta de sempre e de todas as épocas, parece claro que a questão do sentido se fez mais insistente e grave na época moderna. O discurso da morte de Deus teve como consequência a sensação de solidão e orfandade dos seres humanos. Perdeu-se um Deus que era a chave de todas as tentativas de resposta anteriores. Esta seria a raiz pela qual muitos falam de crise de sentido para caracterizar a situação espiritual de nosso tempo e que leva ao diagnóstico de nossas sociedades desenvolvidas como "doentes de sentido".[4] E o ser humano viu-se seriamente tentado a definir como "absurda" uma vida que, de tão sem sentido e cruel que lhe parecia, provocava-lhe uma sensação de náusea.[5] Mais que uma palavra ou mesmo um conceito, "sentido" é uma palavra-símbolo que se presta a todo tipo de descrições metafóricas, mas resiste a uma análise clara e exaustiva de seu conteúdo.[6]

Podemos falar de sentido para referirmo-nos à orientação de uma realidade em movimento. Neste campo significativo, "sentido da vida"

---

[3] Velasco, J. M. *Mística y humanismo*, p. 204. Todos os grandes pensadores da humanidade o fizeram: Platão, Heidegger, Blondel, Camus, Descartes, Spinoza.

[4] Ibid, p. 205.

[5] Cf. a obra de pensadores famosos do século XX, como Albert Camus e Jean-Paul Sartre.

[6] Velasco, J. M. *Mística y humanismo*, op. cit., p. 206, citando Olegario de Cardedal.

se refere à direção do curso da vida. O próprio leito onde se move a corrente da vida humana é que teve uma origem e um começo que não dominamos, do qual não dispomos, por não haver sido sujeitos ativos dele. Somos seres posteriores, chegamos depois que o mundo começou, e que nossos pais se encontraram. O passado nos é dado sem que tenhamos nele interferido. Nossa existência tem um fim certo: a morte. E é tão certo o fim como imprevisível quanto seu momento e suas circunstâncias — morte certa, hora incerta; um termo final do qual tampouco dispomos, já que tampouco seremos sujeitos ativos de nossa morte, mas deveremos recebê-la passivamente, incapazes de evitá-la ou adiá-la indefinidamente, por mais que lutemos.[7] Biologicamente, a morte é, neste sentido direcional e a nosso contragosto, o sentido de nossa vida.[8] Para ela caminhamos, queiramos ou não. E ela será o critério de discernimento de nossa vida.[9]

Apenas, sem negar que a morte seja a meta, a única meta da vida humana como fato biológico, há que ressaltar que ela o é de forma muito peculiar em relação ao restante dos seres vivos. O ser humano não apenas morre; mas é o único animal que se sabe mortal e que leva incorporada em sua vida a consciência de ser mortal, como uma sombra estendida sobre todo o seu percurso existencial. E o fato de que a morte seja a única coisa inevitável na vida humana, o fim sabido e inevitável da mesma vida questiona o ser humano sobre se sua vida, afinal, possui ou não um sentido. Vale ou não a pena viver se a única certeza que se tem é a de que tudo isto um dia vai acabar e vamos morrer como todos os outros seres da criação? A forma pela qual o ser humano reage a esse fato, a atitude que toma frente a ele, faz com que, para o ser e pensamento humanos, o problema do sentido da vida seja posto em um novo campo semântico: o do significado. Não pedi para nascer e não quero morrer. E o fato de questionar a morte, de não querê-la e desejá-la, de tudo fazer para evitá-la, de celebrá-la ritual-

---

[7] Ibid., p. 207.
[8] Ibid.
[9] Cf. Sartre, J.-P. na peça *Huis Clos — Entre quatro paredes*: "*On meurt toujours trop tôt — ou trop tard. Et cependant la vie est là, terminée: le trait est tiré, il faut faire la somme. Tu n'es rien d'autre que ta vie.*" (Morre-se sempre muito cedo — ou muito tarde. E, no entanto, a vida esta ali: o traço está passado, e preciso fazer a soma. Você não é nada mais do que a sua vida.)

mente, de buscar comunicação com os que já passaram a fronteira; levanta a questão de que o ser humano se autocompreende como feito para a vida e não para a morte.

Em segundo lugar, a definição de sentido pode referir-se ao significado de uma palavra, uma frase, um texto, como quando, a propósito de uma palavra nova ou diante da palavra de uma língua que desconhecemos nos perguntamos: o que significa? Que sentido tem tal texto, tal parábola? A vida, com efeito, os acontecimentos de uma biografia, além dos fatos que a compõem, significam algo para quem os vive. Nesta concepção, a vida de toda pessoa está cheia de realidades significativas, de signos e símbolos que dão à vida humana sua singularidade única. Também, ainda nesta constelação de significados, sentido é aquilo que, por baixo da capacidade própria do homem de significar e simbolizar, faz aflorar sua condição simbólica, que é talvez o primeiro e seguramente um dos mais importantes indícios do "plus" que se faz presente em sua identidade de ser humano, significado com o qual ilumina o seu mundo e cuja luz entende e vive o seu ser no mundo.

Graças a esse "plus", a esse "mais" do qual o ser humano está dotado, se faz possível o fenômeno da verdade em seu sentido primário de "desvelamento da realidade", de "revelação do mistério" que, no fundo, não é mais do que o problema do conhecimento, por um lado, e, por outro, à luz da fé, o problema da transcendência. A fé chama de Deus essa Transcendência que entende como pessoal e relacional. É aí que o ser humano, em sua relação com o mundo, se abre à possibilidade do sentido. É daí que surge nele e para ele, mas talvez mais que nada diante dele, a angustiante pergunta pelo sentido, pela razão de ser de tudo que existe ameaçada permanentemente pela possibilidade de que a resposta a esta pergunta seja inexistente ou negativa. A pergunta pelo sentido, portanto, vem para todo ser humano ensombrecida pela real possibilidade do absurdo, da falta de sentido, do caos.

Ora, o ser humano pode adaptar-se a qualquer coisa que sua imaginação seja capaz de representar, mas não pode adaptar-se ao caos.[10] Não tem vocação para o caos ou para a anarquia. Daí decorre a neces-

---

[10] Geertz, C. Religion as cultural system. In *The interpretation of cultures*. Nova York: Basic Books, 1973, p. 87-125.

sidade imperiosa de encontrar um justificado para a vida, um fio condutor que lhe permita não se sentir perdido e desorientado quando se vê ameaçado por acontecimentos e circunstâncias que o põe em questão, abalando até os seus últimos fundamentos. Neste segundo campo semântico da palavra "sentido", aparece a radicalidade da pergunta pelo Sentido que a existência humana carrega.

Segundo J. M. Velasco, esses acontecimentos ou circunstâncias que ameaçam a integração do ser humano e sua reconciliação com o sentido da vida podem resumir-se em três mais importantes: a) quando o ser humano se encontra com limites intransponíveis para compreender determinados fatos em sua vida;[11] b) quando o sofrimento injusto que não parece ter razão nenhuma abala ou destrói o marco cognitivo e afetivo que até esse momento permitia integrar e conciliar o que aparentemente é inintegrável, e irreconciliável, fazendo-o assim tolerável; c) o mal moral, e particularmente a injustiça. Aqui, o que fica ameaçado não é apenas a razão nem o sentimento humanos, mas essa necessidade de perceber um radical e íntimo sentido em fatos aparentemente desprovidos deles, necessidade essa que é constitutiva do ser humano e que reside em sua consciência moral, lugar de pertença daquilo que é bom e justo.[12]

Há um terceiro campo de compreensão do que seja "sentido": o âmbito dos valores. Perguntar neste contexto se a vida tem sentido é perguntar se é estimável ou boa e, dadas as dificuldades que toda vida humana comporta, as doses consideráveis de esforço, fadiga e sofrimento que questionam se "vale a pena viver". O sentido como valor, a condição positiva que tenham ou possam ter as coisas e as experiências humanas, aparece situado em uma ampla gama de possibilidades. Vários pensadores contemporâneos refletiram sobre isso.[13] Há que perceber a hierarquia das necessidades e a consequente escala de valores que dela decorre. Uma consideração exclusiva da necessidade conduziria a uma "cultura" reduzida à satisfação imediata e privilegiaria como único o valor do útil e do eficaz. O sentido da vida entendido como

---

[11] Cf. a célebre frase de Pascal: "*Le silence éternel de ces espaces infinis m'effraie.*" ("O silêncio eterno destes espaços infinitos me assusta.")

[12] Velasco, J. M. *Mística y humanismo*, op. cit., p. 209.

[13] Cf. Ibid., p. 211. O autor cita entre os pensadores contemporâneos que sobre isso refletiram: Levinas, Maslow, Rof Carballo, Habermas.

valor em relação às necessidades humanas teria como produto final um sujeito perfeitamente satisfeito. Na verdade, não seria propriamente um sujeito, mas um robô satisfeito; um autômato e não uma pessoa.[14]

O resultado de tal modelo de vida seria o tédio e o fastio; a decepção e, portanto, a queda no vazio de sentido. Porém, a palavra valor pode igualmente designar bens de outra ordem. O ser humano não é só uma aspiração a satisfazer necessidades e interesses materiais. Não apenas sente necessidades, mas é habitado igualmente por desejos. Na verdade, ser humano é em certa medida ser desejante, ser desejo e, como tal, ser capaz de uma relação com os fins em direção aos quais os desejos orientam de configuração absolutamente original. O ser humano busca fins para sua vida. Nesse reconhecimento dos valores se dirige aos fins que percebe que farão sua vida digna de ser vivida, válida, prenhe de sentido. Tais fins demandam que o ser humano faça acontecer o valor que esses fins encarnam (para o artista, a beleza, para o filantropo e o santo, a bondade etc.). Os valores dessa ordem não plenificam o desejo, mas o aprofundam e agudizam.

Como diz Levinas, "a diferença entre a necessidade e o desejo é o fato de que o desejo não pode nunca ser satisfeito; que o desejo, de alguma maneira, se nutre de suas próprias fomes e aumenta com sua própria satisfação".[15] Nesta concepção, o sentido está presente não como algo orientado a mim e que dependa de mim em sua condição de valor, mas como algo que me orienta a mim, que me serve de norte e assim confere sentido e valor à minha vida.[16]

A ALTERIDADE: CONTEÚDO DO SENTIDO

Nesta concepção, igualmente, o sentido é dado unicamente pela alteridade e não por ele. O outro é o interlocutor por excelência, aquele ante quem e para quem se realizam as obras e os trabalhos

---

[14] Marcel, G. *Homo Viator.* Salamanca: Sigueme, 2005.
[15] Cf. Levinas, E. *Éthique et Infini. Dialogues avec Philippe Nemo.* Paris: Livre de Poche, 1984, p. 97.
[16] Cf. Velasco, J. M. *Mística y humanismo,* op. cit., p. 211.

humanos. É o termo indispensável cuja presença é requerida para que meus gestos, minhas ações se produzam. O outro não é significado cultural ou simples dado objetivo da realidade. É primordialmente sentido, na medida em que outorga esse sentido a minhas ações. Eu sou em relação ao que sou para e com os outros (pai, mãe, filho, filha, amigo, amiga, irmão, irmã). A novidade absoluta do outro, em meio a seu dar-se-me no mundo consiste em que sua fenomenalidade, sua existência concreta é rosto. Não apenas é manifestação e epifenômeno, não apenas está aí; sua significação mundana e palpável se encontra subvertida e dominada por sua presença "absoluta" (solta e livre) do mundo, não integrada a ele (não possível de ser incluída em sua totalidade). Sua novidade consiste em "apresentar-se" e manifestar-se sempre novo e sempre de novo. A epifania do rosto do outro é "visitação" e, por isso, enquanto fenômeno, é imagem, a epifania do rosto do outro é vida.[17]

A consciência enquanto conceito ontológico perde aqui sua primazia. Não é consciência intencional e, sim, consciência convocada, exigida, demandada. O eu não pode subtrair-se à responsabilidade diante do outro; neste sentido, o eu se identifica com a ética e a moral não casuística, mas no sentido amplo do termo. Assim, no relato bíblico fundacional e paradigmático de Caim e Abel[18], diante da pergunta do Criador pela existência situada do outro (Onde está teu irmão?), a resposta não pode ser demissionária, e por isso, não resposta, mas antes outra pergunta (Por acaso sou o guarda do meu irmão?). A fonte da resposta está na ética que define o humano como responsabilidade pelo outro, que responde por ele, que é, sim, o guardião do irmão.

Neste lugar privilegiado da experiência, o ser humano se percebe e experimenta sujeito que tem valor e sua vida se faz valiosa na medida em que aceita e acolhe este supremo valor da alteridade que a interpela e a questiona. O sentido, nesta ordem superior de valor, consiste em descobrir-se orientado para uma realidade na qual há que transcender-se sempre e continuamente, consentindo ao sentido que imprime

---

[17] Ibid., p. 213. Cf. Levinas, E. *Humanismo do outro homem.* Petrópolis: Vozes, 1993, p. 58.
[18] Cf. *Gênesis* 4.

em si mesmo a transcendência experimentada e por ela o atrai. Com a palavra "sentido", portanto, nomeia-se algo propriamente humano, que outorga à pessoa sua especificidade frente ao resto dos seres vivos e criados.[19] O sentido é o nome para expressar que o ser humano é e existe mais do que apenas faticamente e como ser mundano e biológico. Mais: o ser humano não pode contentar-se apenas com ser e existir. Para o homem e a mulher, ser humanamente requer e exige ser verdadeiramente, ser bom, ser digno de ser. O sentido é a palavra para esse *plus*, esse excesso de ser que se revela sob a forma de verdade, beleza e bem... como traços e lampejos de uma plenitude à qual não se pode deixar de aspirar.[20]

O que o ser humano pode fazer em relação a isso é prestar atenção a este fato da desproporção que o habita e que lhe diz que viver humanamente é mais do que simplesmente existir, estar no mundo e satisfazer suas fomes e necessidades biológicas básicas. A questão do sentido carrega, portanto, em si uma desproporção entre o fato de ser e esse "mais" de ser ao qual a vida aspira quando alguém deseja e se esforça por uma vida boa, reta e justa, e por isso digna de ser vivida, prenhe de valor. O cultivo da pergunta pelo sentido é uma forma de cultivo dessa atenção àquilo sobre o qual se baseia o sentido e a pergunta pelo sentido.

O ser humano não se contenta simplesmente em viver de uma forma que na verdade é nada mais do que "sobreviver". Necessita de certa qualidade de vida. Qualidade que não se esgota em certo nível de bem-estar, de necessidades básicas satisfeitas ou de comodidade. Não está limitado à estrutura da motivação direta, a buscar para si tudo que possa satisfazer e plenificar rapidamente suas necessidades mais imediatas. A medida desta qualidade de vida humana é a aspiração pelo que a filosofia chama de Bem e a revelação judaico-cristã chama de Amor. Portanto, trata-se de uma medida sem medida.[21] A vida não é, portanto, somente tensão em direção ao termo de uma série de aspirações de curto fôlego, mas uma tensão fecunda, que é sua origem e seu

---

[19] Velasco, J. M. *Mística y humanismo*, op. cit., p. 214.
[20] Ibid., p. 214-15.
[21] Ibid., p. 216. Cf. santo Agostinho: "Amar sem medida é a medida do amor."

motor, sua inspiração e aspiração.[22] Uma vida assim tensionada, que a tanto aspira, é uma vida cheia de sentido, uma vida feliz.

Por tudo isso, o sentido é imanente à vida, orientando-a e impulsionando-a sempre para um "mais", uma constante transcendência. É uma direção e um sentido que se dão mesmo na ausência de certezas ou seguranças, como é o caso de nossa sociedade hoje.[23] E ao dar-se enquanto experiência humana consciente infecciona, então, a certeza frustrante e sombria da morte com uma dúvida e uma suspeita: a de que ela não é nem pode ser o fim de tudo. E isso dá forças para lutar e combatê-la, para não tolerá-la, para rejeitá-la de todo coração, com todas as forças, com todo o entendimento.

VIDA COM SENTIDO: VIDA QUE NÃO MORRE

A uma vida entendida assim, a morte é incapaz de esgotar as possibilidades que encerra, já que ela se funda em valores que lhe dão sentido e dignidade para ser vivida além do fato natural e biológico da morte que a ameaça. Uma vida assim tem razões para ser vivida e diz que essas razões merecem que se sacrifique por elas o conforto, o bem-estar e a própria vida enquanto cronologia espaçotemporal.[24]

Por isso, o ser humano, em sua originalidade irrepetível, ao tomar consciência de si mesmo frente ao restante das realidades do mundo, se dá conta da maravilha de sua razão, do alcance de seu desejo e se descobre como um ser constituído por uma total desproporção interior entre o que é o que aspira a ser, o que é chamado a ser, o que poderia ser.[25] Isso explica a nostalgia de eternidade, de paraíso que habita mesmo aqueles que não creem.[26]

---

[22] Ibid., p. 217.

[23] Ibid., n. 279.

[24] Ibid., p. 218.

[25] Cf. Gesche, A. *O ser humano*. São Paulo: Paulinas, 2003, p. 10: A realidade não é apenas o que é, mas sobretudo aquilo que poderia ser.

[26] Velasco, J. M. *Mística y humanismo*, op. cit., p. 219-20. Citando Cioran, E. *Del inconveniente de haber nacido*. Madri: Taurus, 1998, p. 225: "Eu não aguentaria uma temporada no paraíso; nem sequer um dia. Como explicar então a nostalgia que tenho dele? Não a explico; vive em mim desde sempre, estava em mim antes que eu mesmo." Cf. também os recentes

Essa condição paradoxal, cindida, tensionada — e sobretudo bela! — é a condição humana. E é ela que propicia a pergunta pelo sentido da vida como inevitável e constitutiva. Essa pergunta pode, obviamente, ser eludida, distorcida e sufocada, mas o será ao preço do embotamento e da atrofia, no ser humano, de suas mais preciosas e maravilhosas potencialidades. E por outro lado, ainda que essa pergunta seja constitutiva do que é ser humano, não há razões científicas ou equivalentemente racionais para fundamentar aquilo que transcende a ordem do mundano e do relativo. Só na gratuidade se pode encontrar a resposta para essa pergunta que, no entanto, sustenta toda a vida humana.

Desde sempre a humanidade tenta responder a ela. E o caminho mais trilhado para isso tem sido o da religião. Todas as religiões tocam na questão do sentido da vida. E os sociólogos identificam essa relação estreita entre religião e sentido da vida como a mais importante função que a religião tem desempenhado na história humana.[27]

Muitos filósofos, mesmo ateus e não crentes, expressam a mesma convicção. Por exemplo, Wittgenstein afirma que podemos chamar Deus ao sentido da vida, isto é, ao sentido do mundo. Por isso, para ele, crer em Deus quer dizer que a vida tem um sentido. Diante deste sentido há que calar e não tanto falar, pois estamos remetidos à ordem da mística.[28]

CONCLUSÃO: VIDA COM SENTIDO: VIDA SALVA

Na teologia, esta questão tem se situado dentro da temática da salvação, presente em todas as tradições religiosas. Identifica-se a vida apenas biológica e mundana, insuficiente, ilusória e insatisfatória. A existência do mal a faz ser assim, e a religião vem salvar deste mal, redimi-lo, revelando ao ser humano que ele ou ela, sendo finito, não pode entender-se a

---

livros de Habermas, J. *An awareness of what is missing. Faith and reason in a post-secular age*. Cambridge: Polity Press, 2010; Eagleton, T. *Reason, Faith and Revolution. Reflections on the God debate*, New Haven/Londres, Yale, 2010.

[27] Velasco, J. M. *Mística y humanismo*, op. cit., p. 221.

[28] Wittgenstein, L. *Tractatus Logico-philosophicus*. São Paulo: Edusp, 1993, p. 186.

si mesmo sem referência a Deus, cujo desejo e nostalgia são o único porto onde desemboca o desejo humano.

Alguns teólogos cristãos eminentes, protestantes ou católicos, expressaram sua convicção neste sentido. Paul Tillich afirmava ser a religião uma orientação fundamental que engloba e carrega todas as outras funções do espírito para o incondicionado. Por isso, para ele, ser religioso é colocar-se apaixonadamente a questão do sentido da vida. E para Karl Rahner, a pergunta sobre um sentido absoluto deve sempre ser entendida como uma pergunta sobre Deus. Ambas as perguntas, no entender de Rahner, são idênticas.

A teologia tem lutado — sobretudo após o Concílio Vaticano II — para demonstrar que se deve rejeitar toda tentativa de manipular a palavra "Deus" para rechear de sentido imediato e manipulável uma vida humana frustrada e desorientada.[29] Há muitas pessoas não crentes que têm vidas cheias de sentido. Vejam-se, por exemplo, as espiritualidades não religiosas e mesmo ateias que permitem a muitos contemporâneos orientar suas vidas para valores como a justiça, a paz, a solidariedade. Assim também a busca da verdade feita pela ciência honesta e digna deste nome. Como também a experiência estética, lugar habitado de tantas "presenças reais".[30] Ou mesmo experiências de transcendência que abrem horizontes ao ser humano, que o dilatam interiormente, ainda que não se lhe dê o conteúdo e o nome de Deus.[31] É o que vem sendo designado como "espiritualidades laicas, espiritualidades sem Deus ou, simplesmente, espiritualidades, como forma de sentido da existência, alternativas à existência religiosa".

Para além da adesão a uma estrutura confessional, existe uma espiritualidade, uma mística que une todo ser humano que chegou a uma opção fundamental de afastamento do egoísmo e abertura ao amor. Frente a essa opção não há esse ou aquele membro de tal ou qual religião. Há apenas seres humanos que optam pela saída de si mesmos em

---

[29] Gesche, A. Deus não é um funcionário do sentido. Cf. Gesche, A. *O cosmo*. São Paulo: Paulinas, 2004, p. 289. Cf. Também o comentário de Velasco, J. M. *Mística y humanismo*, op. cit., p. 226.

[30] Cf. Steiner, G. *Presencias reales. Hay algo en lo que decimos?* Barcelona: Destino, 1989.

[31] Comte Sponville, A. *O espírito do ateísmo*. São Paulo: Martins Fontes, 2007. Cf. também. Fiores, S. de. "Espiritualidad contemporanea", In *Nuevo diccionario de espiritualidad*. Madrid: San Pablo, 1983, p. 462-463.

uma atitude oblativa como único caminho para encontrar sentido para suas vidas.[32] São pessoas que, hoje como ontem, formulam para si a mesma pergunta que na primeira metade do século XX foi formulada pelo grande escritor francês Albert Camus: "Pode-se ser um santo sem Deus?"[33]

Trata-se, muitas vezes, de uma mística vivida fora de qualquer igreja e à margem de qualquer religião. Ao mesmo tempo, consiste na queda de ideologias de qualquer configuração e na ruptura de todos os modelos empobrecedores e redutores. Não se trata de uma forma de pensamento, sistema filosófico ou nova escola. Consiste no exercício da liberdade, na vivência da ética fundamental, em levar uma vida boa e justa que encontra neste exercício seu sentido. A liberdade plenificada, portanto, é a condição da descoberta profunda do sentido da vida.

---

[32] Velasco, J. M. *Mística y humanismo,* op. cit., p. 228, n. 111.
[33] Camus, A. *La Peste.* Paris: Gallimard, 1947.

"O sentido da vida e a busca da felicidade": reflexões filosóficas sobre o tempo em que vivemos

*Leandro Chevitarese**

* Professor adjunto de Filosofia do Departamento de Educação e Sociedade da UFRRJ.

A PERGUNTA SOBRE O "sentido da vida" é, por excelência, a questão filosófica fundamental. Suas raízes históricas nos conduzem a Sócrates que, diante da morte, se pergunta sobre o sentido de sua vida, de sua existência. Neste famoso texto de Platão, *A apologia de Sócrates*, o filósofo elabora uma instigante formulação. Ele afirma: "filosofar é preparar-se para a morte". Naturalmente, seus discípulos, presentes no momento de sua execução, agora perplexos, perguntam: "mas como compreender tal afirmação?". A resposta de Sócrates é implacável, ele explica que durante toda a vida filosofou, perguntou-se sobre o sentido de sua vida, buscou transformar-se como ser humano e procurou viver melhor, por isso encontra-se tranquilo diante da morte. Como sabemos, Sócrates foi condenado à morte por um tribunal ateniense, que tinha como júri 501 cidadãos, no qual foi acusado de "desencaminhar os jovens da cidade" — porque queria fazê-los pensar — e "destituir os deuses da cidade" — porque queria liberdade crítica e religiosa. Como mártir do que poderíamos chamar de "descaminhos da democracia", o ensinamento socrático — vale lembrar —, diante da morte, traz a provocação filosófica mais essencial: *pelo que vale a pena viver?* Ou, dito de outro modo, pelo que vale a pena morrer? Ou ainda, *pelo que vale a pena dedicar sua vida?*

Aristóteles, discípulo de Platão, leva esta questão às últimas consequências, formulando em sua *Ética a Nicômaco* (diga-se de passagem: Nicômaco era seu filho) que em tudo o que se busca se almeja um fim, um bem, mas deve haver um fim último pelo que tudo é buscado, até porque, se não houvesse, inútil seria o nosso desejar. Tal fim último, o alvo final de nossas pretensões e esforços, é a *eudaimonia*. Este termo grego comumente é traduzido por *felicidade*. Todavia, nossa compreensão da noção de "felicidade" é bem diferente daquela de Aristóteles. Em geral, pensamos que a "felicidade" é conquistada pela realização de um desejo, ou um conjunto de desejos que estabelecemos para nós mesmos. Como a realização de um sonho ou um projeto de vida. Mas, como afirma Aristóteles — e esta frase é dele, registrada no Livro I da *Ética a Nicômaco* —, "uma andorinha só não faz verão". Pode-se dizer que esta frase tem dois sentidos: o primeiro é que apenas o conjunto de nossas ações, ao longo de toda uma existência, poderia nos tornar felizes, ou seja, não se trata de um mero acontecimento ou evento; o segundo sentido é que não se trata de pensar que apenas uma pessoa feliz corresponde à felicidade, pois esta somente se faz por meio de uma realização da *polis*, ou seja, de toda a cidade, de toda a coletividade. Para Aristóteles, a felicidade identifica-se com aquilo que contemporaneamente chamamos de "bem comum", ou, simplesmente, "bem-estar social".

Pode-se bem observar que o ideário iluminista, base para o surgimento das democracias modernas, inspirou-se em elementos aristotélicos, ao formular as perspectivas de desenvolvimento para a modernidade. Caberia, enfim, construir um bem-estar compartilhado por todos. Deste modo, apostando na ampliação da racionalidade em todos os campos da vida humana, seja como ciência e tecnologia, seja como progresso e crescimento econômico, seja como justiça, direitos, educação e cidadania, a modernidade investiu em um grandioso projeto cujo grande objetivo, pode-se dizer, seria a "felicidade". A tomada de consciência de um significativo número de "riscos humanamente evitáveis" trouxe consigo o esforço em minimizá-los, sejam a doença, a fome e a miséria, sejam discriminações, preconceitos, injustiças sociais etc. Buscou-se, portanto, um projeto universal de desenvolvimento que nos libertaria do caos e da aleatoriedade, oferecendo pleno bem-estar à humanidade.

Todavia, a expectativa quanto aos frutos da ciência e do progresso foi dolorosamente interrompida por eventos que marcaram profundamente a sociedade atual. O principal deles foi, sem dúvida, a catástrofe da Segunda Guerra Mundial e a insuportável lembrança de acontecimentos como Auschwitz e Hiroshima. Este é o diagnóstico apresentado por Anthony Giddens:

> A ciência perdeu boa parte da aura de autoridade que um dia possuiu. De certa forma, isso provavelmente é resultado da desilusão com os benefícios que, associados à tecnologia, ela alega ter trazido para a humanidade. Duas guerras mundiais, a invenção de armas de guerra terrivelmente destrutivas, a crise ecológica global e outros desenvolvimentos do presente século poderiam esfriar o ardor até dos mais otimistas defensores do progresso por meio da investigação científica desenfreada (Giddens, p. 109).

E também como afirma Habermas: "pouca coisa restou desse otimismo no século XX". Segundo o mais influente filósofo ainda em atividade: *Deveríamos aprender com os desacertos que acompanham o projeto*" (Habermas, 1992, p. 118, grifos meus). Talvez aqui encontremos o caminho ou, pelo menos, as perspectivas de reorientação que se tornam cada vez mais urgentes. Sem dúvida, algumas pistas do que "deveríamos aprender" já haviam sido anunciadas por Max Weber no início do século XX. Weber caracterizou a modernidade como um processo de intelectualização crescente, que devemos em grande parte à ciência e à técnica científica: seria como um processo de *desencantamento do mundo*:

> A intelectualização e a racionalização crescentes (...) significam, antes, que sabemos ou acreditamos que, a qualquer instante, poderíamos, bastando que o quiséssemos, provar que não existe, em princípio, nenhum poder misterioso e imprevisível que interfira com o curso de nossa vida; em uma palavra, que podemos dominar tudo, por meio da previsão. Equivale isso a despojar de magia o mundo (Weber, p. 30-31).

Estes foram sonhos demasiadamente caros para a humanidade, pelos quais se permitiu uma hipervalorização do conhecimento objetivo e científico, bem como a burocratização da sociedade. Para Weber, houve certo "otimismo ingênuo" em supor que seria possível "celebrar a ciência — isto é, a técnica do domínio da vida fundada na ciência — como o caminho que levará à *felicidade*".

Pretender tal tarefa à ciência é pedir-lhe o que não nos pode dar de modo algum. Afinal, poder-se-ia, de algum modo, decidir "cientificamente" sobre que "valores" têm, de fato, valor:

> Tolstói dá a essa pergunta a mais simples das respostas, dizendo: ela não tem sentido, pois não possibilita responder à indagação que realmente nos importa — "Que devemos fazer? Como devemos viver?". De fato, é incontestável que a resposta a essas questões não nos é tornada acessível pela ciência (Weber, p. 35-36).

Logo após a Segunda Grande Guerra, Adorno e Horkheimer já afirmavam, em *Dialética do esclarecimento*, que o projeto de emancipação pela racionalidade tendia a se converter — por meio de uma racionalidade meramente técnica e instrumental, articulada a macrointeresses econômicos — em um sistema de opressão universal em "nome da liberdade". De fato, a promessa de bem-estar e segurança oferecida pela racionalidade universal acabou exigindo uma restrição no plano da liberdade individual. Isto significou uma restrição no campo da reflexão sobre nossos valores e ações, enfim, uma limitação da capacidade de questionamento sobre o sentido de nossas existências e a possibilidade de busca da felicidade.

Hoje em dia, parece que proliferam respostas prontas sobre este tema, surgem respostas de bolso onde poderiam haver perguntas filosóficas. Infelizmente, muitos de nós esperam que a ciência resolva nossos problemas ambientais e sociais, e que os políticos resolvam nossos dilemas de gestão pública. Isto para que possamos permanecer confortavelmente em nossas poltronas, assistindo a algum programa televisivo, e para que possamos, por fim, nos dedicar ao exercício da "liberdade do consumidor". Atualmente, consome-se o espetáculo e cultua-se o espetáculo do consumo: tênue válvula de escape para uma liberdade sem rumos. "*Na prática pós-moderna, a liberdade se reduz à opção de consumo"* (Bauman, p. 289, grifos meus). A condição para tal liberdade é ser um consumidor, o inferno é a exclusão do mercado. O irracionalismo com que se reveste esta opção de liberdade faz com que a sensação de doença, limitação e incapacidade acompanhe a escassez do consumo, para a qual o único remédio é o "mito do consumo ilimitado" (Baudrillard, p. 241), da possibilidade de *abundância*. Como afirma Bauman,

> A cobiçada liberdade do consumidor é, afinal, o direito de escolher "por vontade própria" um propósito e um estilo de vida que a mecânica supraindividual do mercado já definiu e determinou para o consumidor. (...) *Acima de tudo, a liberdade do consumidor desvia dos assuntos comunitários e da administração da vida coletiva as aspirações da liberdade humana* (Bauman, p. 277).

Segundo Habermas, a dificuldade de se formularem questões sobre a liberdade e o sentido de nossas ações advém do que ele denomina de *colonização do mundo da vida*. Este seria o efeito do predomínio de formas de racionalidade econômica e administrativa nas esferas de ação humanas, interditando ou prejudicando o exercício do diálogo e da comunicação, capazes de construir a possibilidade de reformulação das práticas existenciais. Mas quais são e como se estruturam os componentes daquilo que Habermas chama *mundo da vida*? Segundo o autor,

> podemos imaginar os componentes do mundo da vida, a saber, os modelos culturais, as ordens legítimas e as estruturas da personalidade, como se fossem condensações e sedimentações dos processos de *entendimento*, da *coordenação da ação* e da *socialização*, os quais passam através do agir comunicativo (Habermas, 2002b, p. 96).

Em geral nos orientamos por diferentes formas de "ação": o "agir teleológico" — orientado para uma finalidade, visando estrategicamente a realização de determinado objetivo; o "agir normativo" — referindo-se à construção de orientações de conduta e valores socialmente compartilhados; o "agir dramatúrgico" — relacionando-se à autorrepresentação expressiva diante de uma coletividade. Mas é a noção de "agir comunicativo" que é fundamental na proposta habermasiana. Tal expressão "indica aquelas interações sociais para as quais o uso da linguagem orientado para o entendimento ultrapassa um papel de coordenador da ação" (Habermas, 2002a, p. 72). Pode-se dizer que somente por meio do diálogo crítico e reflexivo é possível resgatar a liberdade, construir entendimento e buscar a felicidade.

> A ideia central da teoria do agir comunicativo é a seguinte: é possível atribuir as patologias da Modernidade, sem nenhuma exceção, à invasão da racionalidade econômica e burocrática em esferas do mundo da vida, às quais estas formas de racionalidade não são adequadas e, por isso, levam a perdas de liberdade e de sentido. O agir comunicativo é concebido por Habermas de modo a abrir as oportunidades para um entendimento em sentido abrangente, não restritivo (Reese-Schäfer, p. 46).

Na mesma perspectiva, ainda que por meio de outra abordagem, o filósofo canadense Charles Taylor defende amplamente a impossibilidade de prescindirmos de configurações que nos permitam orientação no espaço moral. Não lhe parece viável que o ser humano possa abandonar essa dimensão de exercício da liberdade valorativa.

> Desejo defender a tese forte de que é praticamente impossível à pessoa humana prescindir das configurações; em outras palavras, que os horizontes no seio dos quais levamos a vida e a compreendemos têm de incluir estas discriminações qualitativas fortes (Taylor, p. 43).

Mas no que consistem tais "configurações" fundamentadas em "discriminações qualitativas fortes"?

> As configurações proporcionam o fundamento, explícito ou implícito, de nossos juízos, intuições ou reações morais em qualquer das

três dimensões. Articular uma configuração é explicar o que dá sentido a nossas respostas morais. Isto é, quando tentamos explicitar o que pressupomos ao julgar que dada forma de vida vale de fato a pena, quando colocamos nossa dignidade numa certa realização ou posição ou quando definimos de dada maneira nossas obrigações morais vemo-nos articulando, *inter alia*, o que tenho denominado "configurações" (Taylor, p. 42).

Taylor observa bem que, hoje em dia, tais configurações tornaram-se problemáticas. Nenhuma configuração é, de fato, aceita por todos. A busca de sentido apresenta novos contornos no contexto atual: ela precisa enfrentar a incerteza, a dúvida e a contingência. Mas, sem dúvida, tal busca encontra-se, necessariamente, em nossa agenda.

Na medida em que vemos a descoberta de uma configuração crível como objeto de uma busca, nessa mesma medida torna-se inteligível que a busca poderia fracassar. Isto poderia ocorrer por inadequação pessoal, mas também poderia advir do fato de não haver uma configuração crível definitiva. Por que falar disso em termos de uma perda de sentido? Em parte porque uma configuração é aquilo segundo o qual entendemos espiritualmente a nossa vida. Não ter uma configuração é cair numa vida espiritualmente sem sentido. Logo, *a busca é sempre uma busca de sentido*. (...) Por conseguinte, *o problema do sentido da vida está em nossa agenda*, por mais que possamos zombar dessa expressão, quer na forma de uma perda ameaçada de sentido, quer porque o encontro de sentido para nossa vida é o objeto de uma busca (Taylor, p. 33, grifos meus).

Por fim, talvez seja o caso de retornarmos ao exemplo socrático. Para o filósofo, "uma vida sem reflexão não vale a pena ser vivida". *Saber viver* encontra-se intimamente ligado ao exercício da reflexão sobre o sentido da vida. A felicidade não pode ser uma resposta pronta, um mero procedimento prefixado; não pode ser o mero consumo de determinado produto ou serviço, como também não pode ser a confortável repetição de velhos hábitos. O maior desafio é que transformemos a felicidade, de fato, em questão filosófica e existencial. Somente deste modo seria possível encontrar os melhores rumos para o desenvolvimento, tanto pessoal quanto social.

REFERÊNCIAS BIBLIOGRÁFICAS

ADORNO, T. W. & Horkheimer, M. *Dialética do esclarecimento*. Rio de Janeiro: Jorge Zahar Editor, 1985.

ARISTÓTELES. *Ética a Nicômaco*. São Paulo: Atlas Editora, 2009.

BAUDRILLARD, J. *A sociedade de consumo*. Lisboa: Edições 70, 1981.

BAUMAN, Z. *Modernidade e ambivalência*. Rio de Janeiro: Jorge Zahar Editor, 1999.

GIDDENS, A. "A vida em uma sociedade pós-industrial". In BECK, U., GIDDENS, A. & LASH, S. *Modernização reflexiva*. São Paulo: Unesp, 1997.

HABERMAS, J. *Agir comunicativo e razão descentralizada*. Rio de Janeiro: Tempo Brasileiro, 2002a.

_____. *Pensamento pós-metafísico*. Rio de Janeiro: Tempo Brasileiro, 2002b.

_____. Modernidade – um projeto inacabado. In ARANTES, O. & ARANTES, P. *Um ponto cego no projeto moderno de Jürgen Habermas*. São Paulo: Brasiliense, 1992.

PLATÃO. *A apologia de Sócrates*. In coleção *Os Pensadores*. São Paulo: Abril Cultural, 1975.

REESE-SCHÄFER, W. *Compreender Habermas*. Petrópolis: Vozes, 2009.

TAYLOR, C. *As fontes do self. A construção da identidade moderna*. São Paulo: Edições Loyola, 1994.

WEBER, M. *Ciência e política. Duas vocações*. São Paulo: Cultrix, 1968.

A felicidade como norte das políticas públicas brasileiras

Mauro Motoryn*

* Presidente do Movimento Mais Feliz.

O Movimento Mais Feliz nasceu de um sonho, que misturava o inusitado com o desejo de fazer a diferença na sociedade: elevar a felicidade, e somente ela, como principal norte e referência das políticas públicas no Brasil. Hoje, após a aprovação da PEC da Felicidade, como tem sido chamada pela grande mídia, na Comissão de Constituição de Justiça (CCJ) do Senado, e sua tramitação também na Câmara, esta realidade antes utópica está mais próxima e, até por conta disso, tem aquecido o debate sobre o tema na sociedade. Dentre interpretações equivocadas, algumas simplórias, outras poucas inteligentes e muita curiosidade, não é difícil escutar a pergunta: o que a felicidade tem a ver com a política?

A palavra "felicidade" na Constituição não é uma invenção nossa. Os preceitos da Revolução Francesa carregavam em si a felicidade, que foi desembocar no preâmbulo da atual Magna Carta daquele país. A Carta da Virgínia pontuou o *pursuit of happiness* como um direito — até os americanos se confundem, acreditando que o termo consta na Constituição daquele país, quando é anterior. Já o Japão e a Coreia do Sul desenvolvem o tema em suas respectivas constituições. E o Butão, um pequeno reinado, inspirou muitos debates atuais, ao perguntar como andava a felicidade de seus súditos.

Trazer o debate à opinião pública tem sido um mérito do Movimento Mais Feliz. Ao mesmo tempo, teorias da economia comportamental ligadas à felicidade pipocam como bandeira de prêmios Nobel como Kahneman e a França monta uma comissão encabeçada por Joseph Stiglitz para averiguar o grau de felicidade da população. Enquanto isso, multiplicamos as manchetes aqui nos trópicos: o Mais Feliz qualificou a pauta na imprensa brasileira e estimulou setores da sociedade a discutir o tabu da felicidade.

Contrariando o Paradoxo de Easterlin, como têm feito grandes estudiosos, o Mais Feliz acredita que a felicidade está mais ligada ao bem-estar social do que a outras frivolidades, ou seja, é impossível ser feliz em um país de baixa escolaridade, pouco desenvolvimento ou falta de democracia. Há um ano e meio, o Movimento não só articula a ação estruturante de inserir a felicidade na Constituição, como também de articulação social e comunicação de ações. E se divide hoje em quatro grandes pilares de atuação:

1. Com as políticas públicas: Há um trabalho contínuo junto ao governo federal, prefeituras (mais de 170 delas, por meio de acordo com a Frente Nacional de Prefeitos — FNP) e sociedade civil, promovendo discussão sobre o papel da Felicidade como norte de políticas públicas.

   Parece-me óbvio que uma palavra na lei não implica na sua súbita existência na sociedade. Mas, não à toa, prêmios Nobel como Stiglitz e Daniel Kahneman são contratados a peso de ouro por países como França e Estados Unidos para verificar o impacto das políticas públicas na felicidade dos cidadãos. Porque, para eles, felicidade é bem-estar social; e, contestando o Paradoxo de Easterlin, não é possível ser feliz em um país com baixa escolaridade, pouco desenvolvimento ou falta de democracia.

   Foram o senador Cristovam Buarque e a então deputada federal Manuela D'Ávila os corajosos que colocaram em circulação a PEC da Felicidade no Congresso Nacional. Na época, pagaram um preço amargo pela má compreensão que a opinião pública via do fato, mas acreditaram nesse ideal até o último minuto.

2. Com as empresas: O consumo exacerbado, que, muitas vezes, é colocado como justificativa para uma vida mais feliz, é questionado na ação do Movimento, que apoia iniciativa de empresas que ajudam na erradicação da miséria, no consumo responsável e conseguem transformar seus valores em "lucro social" unindo-se a causas nobres, como a melhoria da educação brasileira.

3. Com o terceiro setor: No trabalho com o Grupo de Institutos, Fundações e Empresas (GIFE) e mais de uma centena de ONGs, o Mais Feliz desenvolve um olhar de ressignificação de suas ações na sociedade brasileira, liderando o Movimento Recicle-se, em que a valorização da ONG está justamente na criação de novos modelos, ou seja, tecnologias sociais.

   Na área do meio ambiente, por exemplo, o Mais Feliz desenvolveu a campanha completa da World Wildlife Fund (WWF) para a Hora do Planeta e articula junto ao Fórum Rio + 20 uma entrada definitiva na pauta.

   Canalizamos esforços e talentos em comunicação para arrecadar fundos e capitalizar organizações que trabalham para a felicidade de comunidades em todo o Brasil, como a Cidade Escola Aprendiz, o Museu da Pessoa e o Instituto Vladimir Herzog.
4. Projetos Próprios: O Movimento Mais Feliz desenvolve junto a *think tanks* de universidades em todo o mundo projetos próprios de impacto direto na felicidade e bem-estar social do cidadão. Com a Universidade de Harvard e o Massachusetts Institute of Technology (MIT), no *think tank Open City*, lançamos a Biblioteca + Feliz, *site* que possibilita a troca de livros *on-line* democratizando assim o acesso à cultura. Em julho, o único *software* do mundo para monitoramento em tempo real de políticas públicas será lançando pela mesma parceria, a Cidade Mais Feliz.

Não há ingenuidade a ponto de acreditar que uma palavra na Constituição tenha o poder de desencadear mudanças efetivas. Mas é, sim, o poder norteador das palavras que fazem justificar a existência de uma carta soberana para uma nação. A aprovação final e sanção da PEC da Felicidade é apenas o começo do Movimento Mais Feliz — que se define hoje como uma plataforma de projetos e ideias para que a felicidade da população caminhe junto com o crescimento econômico do Brasil.

SEGUNDA PARTE

OPORTUNIDADES SOCIAIS: NA ROTA DOS DESENVOLVIDOS

O desenvolvimento social do Brasil: a segunda grande transformação

*Roberto Cavalcanti de Albuquerque**

* Diretor técnico do Fórum Nacional.

INTRODUÇÃO: A PRIMEIRA TRANSFORMAÇÃO

O Brasil deu no século passado um grande salto de desenvolvimento. Entre 1900 e 2000, o Produto Interno Bruto (PIB) cresceu à taxa média anual de 4,9%, evoluindo de PPC$ 12,3 bilhões para 1.521,4 bilhões (Tabela 1). No mesmo período, a população evolveu de 17,4 milhões a 171,3 milhões, ou seja, a 2,3% anuais, e o PIB per capita avançou 2,6% ao ano, indo de PPC$ 708 para PPC$ 8,9 mil. O Índice de Desenvolvimento Humano, IDH-1 do país caminhou de 2,59 em 1900, nota muito baixa, para 7,82, nota médio-alta, crescendo 1,1% anuais.[1]

TABELA 1

BRASIL: INDICADORES DE DESENVOLVIMENTO, 1900-2000

Discriminação	Anos			Crescimento médio anual (%)		
	1900	1980	2000	1900-2000	1900-1980	1980-2000
PIB (PPC$ bilhões de 2009)	12,3	1.017,7	1.521,4	4,9	5,7	2,0
População (milhões)	17,4	118,6	171,3	2,3	2,4	1,9
PIB per capita (PPC$ de 2009)	708	8.583	8.898	2,6	3,2	0,2
Índice de Desenvolvimento Humano – IDH-1	2,59	6,91	7,82	1,1	1,2	0,6

Fonte: Albuquerque.

---

[1] O PIB e o PIB per capita estão expressos em "dólares internacionais" de 2009, que refletem a paridade de poder de compra, PPC, nesse ano, do dólar nos Estados Unidos e do real no Brasil. O IDH-1 é um índice agregado de desenvolvimento humano construído ao modo dos IDHs produzidos pelo Programa das Nações Unidas para o Desenvolvimento (PNUD). Ele é integrado por três componentes: a esperança de vida ao nascer, a taxa de alfabetização da população de 15 anos e mais e o PIB per capita. Veja-se, a este propósito, Albuquerque, Primeira Parte e Anexos I e II.

No correr dos anos, esse expressivo desempenho foi marcado por grande instabilidade, afetando mais a economia ao determinar evolução extremamente lábil do PIB e, em menor grau, do PIB per capita.

Pode-se, em grandes linhas, distinguir no século XX brasileiro, um longo período de rápido crescimento econômico e desenvolvimento social, que vem de 1900 até 1980, seguido por fase de escasso dinamismo, que corresponde às duas últimas décadas, as de 1980 e 1990.

Nos primeiros 80 anos, avançaram mais do que no século como um todo tanto o PIB, que cresceu 5,7% ao ano, quanto a população (2,4%), o PIB per capita (3,2%) e o IDH-1 (1,2%).

No último decênio desse período, a década de 1970, a economia cresceu anualmente 8,6%, o PIB per capita, 6%, e a evolução social, medida pelo Índice de Desenvolvimento Social (IDS), 4,1% ao ano.[2] A proporção de pobres — ou seja, a porcentagem da população com renda familiar per capita insuficiente ao atendimento das necessidades básicas — despencou de 68% da população em 1970 (61,1 milhões de pessoas) para 35% em 1980 (41,3 milhões).[3]

O Brasil, que já era territorialmente um país grande, tornou-se grande também pelo tamanho da população e pelo porte da economia. Mais que isso, superou a condição de subdesenvolvido para emergir como país de médio desenvolvimento e como potência regional.

Foi esta a grande transformação econômico-social realizada pelo Brasil no século XX. Dela surgiu um país diferente. Mais complexo, mais industrializado, mais urbano. Uma nação moderna que acreditava ter encontrado o caminho da prosperidade.

O que aconteceu a partir de 1981 não corresponde a essa expectativa. Derrapagens na gestão da economia, choques externos mal assimilados, inflação a galope desafiando seguidos planos de estabi-

---

[2] O Índice de Desenvolvimento Social (IDS) é indicador sintético integrado por cinco componentes (saúde, educação, trabalho, rendimento e habitação) e doze subcomponentes. Sua finalidade é mensurar o grau de desenvolvimento social de um país, região ou estado, comparando-o e analisando-o. Ele se expressa em nota que varia, hipoteticamente, de 0 a 10. O IDS para o Brasil em 1970 foi 3,64 (nível considerado baixo), tendo-se elevado em 1980 para 5,44 (nível considerado médio-baixo). Ver, a esse propósito, Albuquerque, Terceira Parte e Anexo V.
[3] Cf. Albuquerque e Rocha, p. 181.

lização, contas externas e internas desequilibradas, insuficiências de poupança e investimento comprometeram o crescimento e o desenvolvimento. Sem plano ou projeto nacional explícito e consistente, um país sem rumo viveu por anos tempos nublados. Até que, em meados dos anos 1990, uma luz que se afirmou confiável surgiu no horizonte. Foi o Plano Real (1994), responsável pela estabilização da economia.

Nem por isso deixaram de ser parcos os resultados econômico-sociais desses vinte anos de chumbo para o progresso brasileiro. Entre 1980 e 2000, o PIB cresceu, em média, 2% anuais, o PIB per capita, 0,2%, o IDH-1, a 0,6%, o IDS, a 1%. Penoso freio em trajetória de progresso invejável e que se afigurara assegurada. O Gráfico 1 capta bem esse declínio, traduzido em perda de ritmo intensa e generalizada.

GRÁFICO 1
BRASIL: INDICADORES DE DESENVOLVIMENTO
(CRESCIMENTO MÉDIO ANUAL, %)

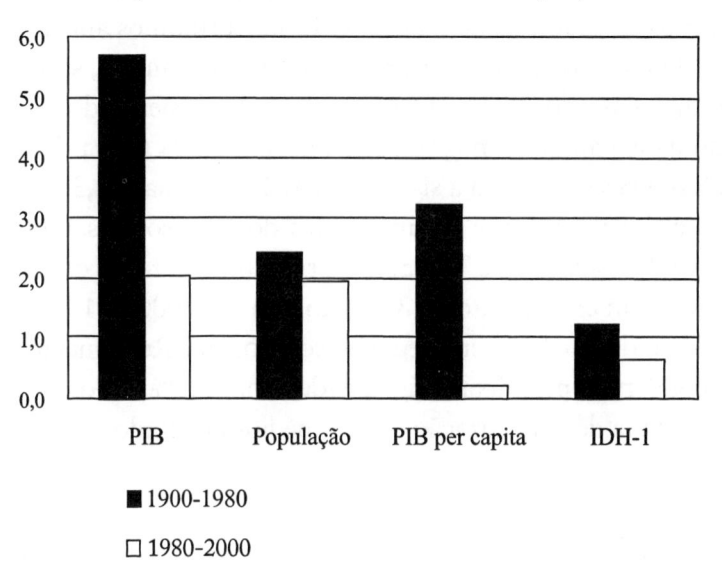

2000-2010, LENTA RECUPERAÇÃO

A relativa estabilidade de preços alcançada pelo Plano Real não bastou para sustentar o crescimento econômico, que continuou oscilante, medíocre, sem dar sinais de vida estável.

O PIB cresceu apenas 2% anuais entre 1995 e 2000. Graves crises externas (México, 1995; Ásia, 1997-1998; Rússia, 1998) engendraram ondas especulativas que comprometeram as reservas cambiais, impondo a manutenção de elevadas taxas de juros. Os efeitos positivos da estabilização sobre a demanda interna foram em boa parte neutralizados, sacrificando o crescimento.

Duradouro foi, contudo, o efeito do Plano Real sobre a incidência de pobreza: a proporção de pobres, de 44% em 1993 (62,6 milhões de pessoas), caiu para 33% em 1995 (49,1 milhões), mantendo-se nesse patamar até 2004.[4]

A Tabela 2 permite o exame do desempenho econômico-social do país na década passada. Embora modesto, sobretudo economicamente, ele superou com folga o ocorrido em 1980-2000. Criando, a despeito da grande recessão mundial de 2008-2009, condições mais favoráveis a crescimento elevado e sustentado do PIB nos próximos anos.

De 2000 a 2010 o PIB brasileiro cresceu 3,6% anuais, superando os 7% no ano passado (2010). O PIB per capita, beneficiado pela queda de ritmo da expansão demográfica, avançou a 2,5% (cerca de 6,5% em 2010). E o IDS se expandiu a significativos 2,0% anuais (2,3% em 2010, segundo estimativa). Entre os integrantes do IDS, sobressaíram as performances do componente Trabalho (formado pelas taxas de atividade e ocupação), com crescimento de 3,6% ao ano em 2000-2010, reflexo sobretudo da redução do desemprego; do componente Rendimento (PIB per capita, ponderado pela taxa de igualdade), com 2,5%; e do componente Educação (taxa de alfabetização e anos médios de estudo), com 2,4%.

---

[4] Note-se que os dados sobre pobreza relativos aos anos 1970 e 1980, calculados a partir dos orçamentos familiares gerados pelo Estudo Nacional de Despesa Familiar (Endef), de 1974-1975, do IBGE, não são comparáveis aos relativos às décadas de 1990 e 2000, que se utilizam dos dados da Pesquisa de Orçamentos Familiares, POF, realizada em 2002-2003, também do IBGE. Houve, no período, importante mudança na estrutura dos gastos das famílias brasileiras e nos preços relativos, afetando o traçado das linhas de pobreza.

TABELA 2

BRASIL: INDICADORES DE DESENVOLVIMENTO,
2000-2010 E OBJETIVOS PARA 2025

Discriminação	Períodos/ Valores	Períodos/ Valores	Crescimento médio anual (%)	Projeção para 2025	Variação (%)*
				2025	
PIB (PPC$ bilhões de 2009), 2000-2010	1.521,4	2.161,5	3,6	5.963,6	7,0
População (milhões), 2000-2010	171,3	190,8	1,1	205,6	0,5
PIB per capita (PPC$ mil de 2009), 2000-2010	8,9	11,3	2,5	29,9	6,5
Índice de Desenvolvimento Social (ISD), 2000-2010	6,67	8,14	2,0	9,45	1,0
Componentes de IDS					
Saúde	8,31	9,47	1,3	9,91	0,3
Educação	5,79	7,32	2,4	9,43	1,7
Trabalho	5,55	7,89	3,6	9,16	1,0
Rendimento	5,21	6,66	2,5	8,96	2,0
Habitação	9,37	9,77	0,4	9,92	0,1
[Índice de Inclusão Social (IIS), 2001-2009	4,46	6,51	4,8	8,93	2,0
Componentes do IIS					
Emprego e renda	4,32	6,02	4,2	8,26	2,0
Educação e conhecimento	4,62	6,29	3,9	8,63	2,0
Informação e comunicação	4,43	7,20	6,3	9,88	2,0

*Variação média anual (%).
FONTES: Albuquerque e Rocha.

O Índice de Inclusão Social (IIS), indicador sintético destinado a mensurar o processo de inclusão social em curso no país, evoluiu da nota 4,46, obtida em 2001, considerada baixa, para a nota 6,51 de

2009, considerada médio-baixa, crescendo a 4,8% anuais. Seu componente Informação e Comunicação, que equivale ao Índice de Inclusão Digital, avançou a 6,3% anuais no mesmo período (notas 4,43 em 2001 e 7,20 em 2009).[5]

Houve nos últimos anos expressiva queda na pobreza e nas desigualdades de renda. A proporção de pobres caiu de 34,9% em 1999 (equivalente a 54,4 milhões de pessoas) para 21,9% em 2009 (40,0 milhões). Os extremamente pobres — ou seja, as pessoas cuja renda familiar per capita é insuficiente ao atendimento das necessidades alimentares essenciais —, que eram 13,6 milhões em 1999 (8,7% da população), caíram para 9,4 milhões (5,2%). E o coeficiente de Gini reduziu de 0,588 em 2001 para 0,537 em 2009, decrescendo 1,1% por ano.

A SEGUNDA TRANSFORMAÇÃO, DESAFIO DO SÉCULO XXI

O Brasil tem capacidade de operar, neste primeiro quartel de século, uma segunda grande transformação em sua trajetória de desenvolvimento. Trata-se, a um só tempo, de sua entrada no grupo de países considerados desenvolvidos. De sua inclusão, pela expressão do PIB, entre as cinco maiores economias globais. E da afirmação do país como uma das grandes potências em um mundo crescentemente multipolar.

Este é o desafio que nos propõe o século XXI.

Para tanto, o primeiro objetivo a alcançar consiste em manter, em 15 anos (2010-2025), crescimento médio anual do PIB da ordem de 7%. Esta foi a média do país nos anos 1940-1980, muito superior, lembre-se,

---

[5] O Índice de Inclusão Social (IIS), é um indicador sintético de desenvolvimento integrado por três componentes. O primeiro componente, Emprego e Renda, formado por quatro subcomponentes — taxa de ocupação, grau de formalização do emprego, proporção de não pobres na população e taxa de igualdade (o complemento para 1 do coeficiente de Gini) —, gera o Índice de Inserção Econômica. O segundo componente, Educação e Conhecimento, formado por quatro subcomponentes — taxa de alfabetização e porcentagens das pessoas com 4 ou mais anos de estudo, 9 ou mais anos de estudo e 12 ou mais anos de estudo —, gera o Índice de Inserção Educacional. E o terceiro componente, Informação e Comunicação, também formado por quatro subcomponentes — percentuais dos domicílios com microcomputador, acesso à internet, televisão e telefone fixo ou celular —, gera o Índice de Inclusão Social. O IIS e seus componentes são representados por nota que varia de 0 a 10. Cf., sobre o assunto, Albuquerque, Parte Quarta e Anexo VII.

à obtida seja nos 100 anos que medeiam entre 1900 e 2000, que foi 4,9%, seja no período 1900-1980, quando o Brasil, então um corredor de olimpíada,[6] cresceu 5,7% anuais.

Para assegurar esse desempenho, é preciso que o crescimento seja, realmente, o objetivo econômico nacional — e não mera variável de ajuste: no sentido de ser aquele crescimento que for possível, depois de atendidas as prioridades que a ele se sobreponham — como as metas de inflação ou os superávits das contas públicas, necessários, sem dúvida, mas que devem sempre ser vistos como objetivos-meios, contingentes.

Cabendo ademais atentar para os freios a crescimento elevado de mais longo prazo: entre eles, o financiamento dos investimentos em infraestrutura e nas atividades diretamente produtivas; e a contenção da demanda interna (ela foi, na verdade, estimulada nos últimos anos pela expansão da massa salarial e da renda das famílias e pela redução do desemprego e da pobreza enquanto insuficiência de renda, favorecendo a retomada de crescimento econômico robusto, tal como ocorrido em 2010).

A Tabela 2 toma o ano de 2025 como imagem-objetivo para efeito do exercício de prospecção econômico-social nela empreendido.

Considerando o ano de 2010 como ponto de partida, crescer economicamente em média 7% ao ano por década e meia significa multiplicar por 2,8, em termos reais, o PIB do país.

Como a população deverá expandir-se, no mesmo período, em média 0,5% anuais, o PIB per capita crescerá 6,5% ao ano, valor médio que, no século XX, sequer foi superado na década de 1970, quando ele evoluiu 6,0% ao ano.

Caso alcance esses objetivos, o Brasil deverá ocupar em 2025 o sexto lugar em população (205,6 milhões), vindo depois da China, Índia, Estados Unidos, Indonésia e Paquistão. Seu PIB seria da ordem de PPC$ 6,0 trilhões (a preços de 2009), menor apenas que os da China (PPC$ 28,8 trilhões), Estados Unidos (PPC$ 21,8 trilhões), Índia (PPC$ 7,9 trilhões) e Japão (PPC$ 6,7 trilhões). E o PIB per capita chegaria a PPC$ 29 mil, assegurando ao Brasil o primeiro degrau entre os países desenvolvidos.

---

[6] A comparação é cara a João Paulo dos Reis Velloso.

Após o que foi dito anteriormente, não mais parecerá necessário ressaltar os efeitos desse acelerado crescimento econômico sobre o desenvolvimento social: particularmente na redução da pobreza e dos níveis de desocupação, bem como na melhoria geral das condições de vida — mesmo que se reconheça tenderem os novos padrões de crescimento a ser menos geradores de emprego e, em alguns casos, tendencialmente, concentradores de renda.

Nesse sentido, para que o crescimento médio alcançado pelo país se distribua mais equitativamente, entre as regiões, os estados, as pessoas, serão certamente necessárias políticas de orientação dos investimentos e dispêndios públicos consistentemente voltados a esses propósitos.

As projeções de desenvolvimento social para 2025 (nota 9,45 para o IDS e igualmente altas para seus componentes), constantes da Tabela 2, consideraram os coeficientes de correlação verificados entre o IDS e o PIB per capita no período 1970-2010.

Esses coeficientes não são simples elos mecânicos sinalizadores da interatividade entre as variáveis econômico-sociais. Eles refletem uma miríade de decisões, públicas e privadas, de pessoas e instituições, ao longo de espaços-tempos sociais conhecidos e delimitados. Decisões cujo produto foi um determinado evoluir da sociedade com o sentido e a direção que os indicadores intentaram captar.

É, pois, importante compreendê-las seja para incentivar as que favorecem os objetivos sociais do desenvolvimento, seja para desestimular as que prejudicam ou retardam sua realização.

O mesmo se pode dizer da imagem-objetivo representada pelo Índice de Inclusão Social (nota 8,9 para o IIS em 2025, correspondendo a alta inclusão social), bem como de seus componentes, também projetados para 2025 na Tabela 2.

Vale mencionar que toda uma história, experiência de passado recente, está embutida nessas projeções de desenvolvimento social. Por isso, mesmo sabendo-se que os resultados alcançados serão diferentes (o futuro nunca repete o passado), elas continuam relevantes, pois transportam ao futuro decisões, comportamentos, vivências sociais objetivamente verificados. Vigências relevantes, com poderes para explicitar tendências, padrões de desempenho, mudanças de ritmo, novos rumos.

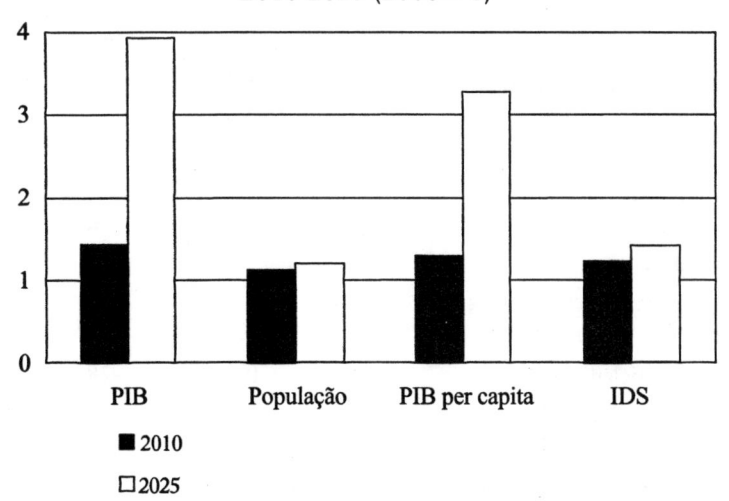

GRÁFICO 2
BRASIL: INDICADORES DE DESENVOLVIMENTO,
2010-2025 (2000 = 1)

METAS DE DESENVOLVIMENTO SOCIAL PARA 2025

A Tabela 3 apresenta dez metas de desenvolvimento social para o Brasil no horizonte dos próximos quinze anos. Seu alcance é condição para que o país se torne desenvolvido.

MORTALIDADE INFANTIL

A primeira dessas metas é reduzir pela metade a taxa de mortalidade infantil no país, ou seja, o número de óbitos de crianças com menos de um ano, em determinado período, por mil nascidas vivas.

TABELA 3
BRASIL: METAS DO DESENVOLVIMENTO SOCIAL, 2009-2025

Número	Discriminação	2009 (A)	2025 (B)	(B-A/B)* 100	Variação*
1	Mortalidade infantil, por mil nascidos vivos (%)	22,9	10,0	-56	-5,0
2	Pessoas com mais de 12 anos de estudo (%)	14,8	32,3	118	5,0
3	Taxa de ocupação (%)	91,7	99,3	8	0,5
4	Taxa de formalização do emprego (%)	62,6	92,9	48	2,5
5	Proporção de pobres (%)	21,8	9,6	-56	-5,0
6	Proporção de extremamente pobres (%)	5,2	1,0	-82	-10,0
7	Coeficiente de Gini	0,537	0,389	-28	-2,0
8	Domicílios com microcomputador	34,7	95,7	176	6,5
9	Domicílios com internet	27,4	86,9	217	7,5
10	Domicílios com telefone (fixo ou celular) (%)	84,3	99,0	17	1,0

Variação média anual, 2009-2025.
FONTES: Albuquerque e Rocha.

Pretende-se que essa taxa, que foi para o país 23/1.000 em 2009, se reduza para pelo menos 10/1.000 em 2025, o máximo hoje tolerável pela Organização Mundial de Saúde (OMS).

Para isso, ela deverá decrescer 5% ao ano, reduzindo-se, no período, 56%. (Hoje, somente os estados do Rio Grande do Sul, com 12,3/1.000, São Paulo, com 14/1.000 e Santa Catarina, com 14,6/1.000, aproximam-se dessa meta.)

Isto não ocorrerá sem um esforço concentrado de assistência à maternidade e à infância, na forma de campanha de âmbito e cobertura nacionais, com foco na população desassistida, nas cidades e no campo.

Note-se que a taxa de sobrevivência infantil, um dos subcomponentes do IDS que é o complemento para 1 da taxa de mortalidade, correlaciona-se alta e positivamente, seja com a esperança de vida ao nascer (coeficiente de correlação, R, de 0,964, com R^2 de 0,930), seja com o IDS (R de 0,926, R^2 de 0,857), devendo ser, portanto, variável estratégica em qualquer programa de saúde pública no Brasil. (Na verdade, no IDS, cada componente e subcomponente tecem uma rede de inter-relações densa e complexa com os demais indicadores que integram esse índice sintético de desenvolvimento social.)

ESCOLARIDADE

A segunda meta é a elevação do percentual de pessoas com mais de 12 anos de estudo. Em 2009, a média brasileira ainda era baixa: apenas 14,8% da população possuíam essa escolaridade. Não é crível que uma sociedade possa alicerçar seu progresso na era da economia do conhecimento com o perfil educacional revelado por esse indicador — mormente quando se sabe que ele melhora pouco nas regiões relativamente mais desenvolvidas: é de 17,7% no Sudeste e 16,9% no Sul do país.

Esses indicadores apontam para esforço educativo que deve ir além dos ensinos fundamental e médio — mesmo que este último seja técnico ou profissionalizante —, adentrando-se pelo ensino superior e a pós-graduação.

Quantitativamente, postula-se que o percentual das pessoas com 12 anos de estudo mais do que duplique em 15 anos, crescendo cerca de 5% anuais (no Brasil, ele cresceu, na década passada, 4,8% anuais) e alcançando perto de 1/3 da população.

OCUPAÇÃO

A terceira meta diz respeito à taxa de ocupação ou de emprego *lato sensu*. Ela se recuperou ao longo da década passada, alcançando 91,7% em 2009 (ou desocupação de 8,3%), devendo ter sido maior em 2010, algo em torno de 94% (ou desocupação de 6%).

Com a economia crescendo, em média, 7% anuais, o problema da desocupação por insuficiência da oferta de trabalho deverá ser rapidamente superado, reduzindo-se a desocupação para cerca de 1% da PEA, cifra essa indicativa de desemprego apenas friccional. Sendo de ressaltar que, com a queda da expansão demográfica, vem diminuindo, em termos absolutos, o número dos que adentram o mercado de trabalho em busca de ocupação.

Cabe, contudo, mencionar que o evoluir da economia tem-se revelado muito volátil no Brasil, suas regiões e estados, contaminando com igual labilidade o mercado de trabalho. Nesse contexto, a meta de 99% estabelecida para a taxa de ocupação sinaliza apenas um norte para os anos por vir. Ela poderá, por exemplo, ser alcançada daqui a dois ou três anos, despencando nos anos seguintes, ao sabor de ciclos econômicos de curto e médio prazos.

Emprego formal

A quarta meta refere-se à formalização do emprego, ou seja, à regularização e maior cobertura, mediante a assinatura da carteira de trabalho, dos benefícios sociais e previdenciários aos empregados.

Em 2009, 62,6% dos empregados com carteira assinada desfrutavam desses direitos. Essa cifra alcançava 72% no Sul e Sudeste, mas apenas 46% no Nordeste e 47% no Norte.

Postula-se sua elevação para mais de 90% no Brasil, com acentuação da queda, já em curso, das disparidades inter-regionais e interestaduais reveladas por esse indicador.

Tal desiderato implica em expansão da taxa de formalização de quase 50% em 15 anos, ou de 2,5% anuais. Como esse crescimento foi de 1,3% anuais na década passada, ênfase maior deve ser dada às políticas públicas voltadas para a proteção social e o bem-estar dos trabalhadores nos próximos anos.

Pobreza

A quinta e a sexta metas dizem respeito à redução da pobreza e à virtual eliminação da pobreza extrema.

Em 2009, a proporção de pobres no Brasil, que vem sempre decrescendo nos últimos anos, chegou a 22%, sendo maior que a brasileira no Nordeste (34%) e Norte (25%), menor no Sul (8%) e Sudeste (12%) e igual no Centro-Oeste (22%).

O objetivo a alcançar é reduzir para cerca de 10% a proporção de pobres no país em 2025, que decresceria em média 5% anualmente (essa queda foi de 4,6% ao ano entre 1999 e 2009), reduzindo-se o número de pobres de 44,5 milhões em 2009 para cerca de 18 milhões em 2025. Uma redução dos desníveis inter-regionais e interestaduais seria buscada concomitantemente.

Essa meta seria alcançada seja mediante a absorção, pelo mercado de trabalho, de parcela das pessoas pobres em idade ativa, seja pela suplementação de renda das famílias pobres aliada a decidido esforço de qualificação que as resgate, em médio prazo, para o trabalho produtivo e gerador de renda suficiente.

A redução da pobreza seria complementada por programa de eliminação, ao longo dos próximos 15 anos, da pobreza extrema. Esse programa daria ênfase à ruptura do círculo vicioso de reprodução intergeracional da pobreza extrema por meio de atuação transformadora das condições de vida (saúde, educação, emprego, renda, informação, proteção social) de todas as famílias nessa condição.

A meta a alcançar pelo programa seria a redução da pobreza extrema de 5,2% da população do país (9,6 milhões de pessoas) em 2009 para cerca de 1% em 2025 (1,9 milhão de pessoas). Sua atuação concentrar-se-ia no Nordeste, que detinha em 2009 mais da metade dos extremamente pobres do país (5,1 milhões de pessoas).[7]

DESIGUALDADE

A sétima meta visa obter redução importante no coeficiente de Gini, que capta o grau de desigualdade na distribuição interpessoal da renda.

---

[7] Os dados sobre pobreza foram gentilmente cedidos por Sonia Rocha. Cf. Rocha.

Em 2009, o coeficiente de Gini, que vem declinando sistematicamente desde 1997, foi para o Brasil, 0,537, tendo decrescido 1,2% anuais entre 2001 e 2009.

Propõe-se o fortalecimento dessa tendência nos próximos 15 anos de que resulte queda desse indicador de 2% ao ano, de modo a obter-se o coeficiente de Gini de 0,389 em 2025. Sendo importante que se reduzam os diferenciais entre esses coeficientes verificados, seja entre regiões, seja entre estados.[8]

Por trás desse objetivo e da singeleza desses números esconde-se uma verdadeira revolução social, capaz de infundir grande dinamismo à economia e forte viés de redução nas tensões e conflitos, atuais e potenciais, que sobrecarregam a sociedade brasileira.

Essa transformação, de natureza estrutural, logrará tanto mais êxito quanto mais beneficiará todos os seguimentos da sociedade com crescimentos reais, embora diferenciados, de renda. Eles poderão ser facilmente viabilizados pelos altos níveis de crescimento econômico que se vislumbram.

No bojo desse processo deverá crescer e ampliar-se a nova "classe média": famílias com renda suficiente para participar do mercado de bens duráveis e de serviços modernos, inclusive lazer e turismo. Assimilando hábitos de consumo, exercitando práticas sociais, cultivando valores, embalando esperanças e realizando projetos que em passado recente elas sequer consideravam.

INCLUSÃO DIGITAL

As duas metas seguintes, a oitava e a nona, dizem respeito à disseminação dos instrumentos da inclusão digital como ferramentas importantes de inclusão social.

A primeira delas propõe que a porcentagem dos domicílios com microcomputadores avance dos 35% verificados em 2009 para 96% em 2025, mediante crescimento médio anual da ordem de 6,5% ao ano, o

---

[8] Em 2009, o coeficiente de Gini mais baixo entre os estados, o de Santa Catarina chegou a 0,454, o mais alto, o do Distrito Federal, a 0,617. Entre as regiões, o mais baixo, do Sul, foi de 0,485, o mais alto, do Nordeste, de 0,556.

mesmo contemplado para o PIB per capita (note-se que o crescimento da disponibilidade domiciliar de microcomputadores na década passada no país foi de 13% anuais).

A segunda meta visa elevar a disponibilidade domiciliar de acesso qualificado (banda larga) à internet de 27% em 2009 para 87% em 2025, por meio de crescimento médio anual de 7,5% anuais (note-se que esse crescimento na década passada foi de 16% ao ano).

A disponibilidade domiciliar dos dois veículos por excelência da inclusão digital deverá, obviamente, ser concomitante ao domínio pelas pessoas, por meio da educação, dos códigos e linguagens necessários para que essas ferramentas possam disseminar na sociedade suas virtudes inovadoras.

Informação e comunicação

A última meta visa a melhor disseminação de instrumento vital de comunicação entre as pessoas, o telefone.

O telefone, seja fixo, seja celular ou móvel, já estava presente em 84% dos domicílios em 2009. A meta de alcançar sua virtual universalização em 2025, abarcando 99% dos domicílios. Para isso será suficiente crescimento médio anual de apenas 1%, o que sinaliza que essa meta será facilmente atingida nos próximos dois ou três anos.

A televisão, primacial como veículo de informação, já assegurou sua presença na grande maioria dos lares brasileiros. Em 2009, por exemplo, 96% deles a já possuíam e eram pequenos os desníveis regionais e estaduais quando aferidos por esse indicador.

Neste caso, cabe antecipar, de um lado, sua virtual universalização. De outro lado, observar que a televisão em cores já se firmou na grande maioria dos domicílios urbanos, atingindo percentuais da ordem de 97%. Já se esboçando evolução em direção a mais qualidade com as telas planas e a altas definições de som e imagem, tendências que não precisam ser reforçadas.

REFERÊNCIAS BIBLIOGRÁFICAS

ALBUQUERQUE, Roberto Cavalcanti de. *O desenvolvimento social do Brasil: balanço dos anos 1900-2010 e agenda para o futuro*. Rio de Janeiro: José Olympio, 2011.

_____ e ROCHA, Sonia. A revolução social: vez e voz aos pobres. Em VELLOSO, João Paulo dos Reis (coord.). *Por que o Brasil não é um país de alto crescimento?* Rio de Janeiro. José Olympio, 2006, p. 153-91.

ROCHA, Sonia. Pobreza e indigência: Brasil, 1990-2009 e Brasil, regiões e estados, 2001-2009: tabulações especiais (a partir dos microdados das Pesquisas Nacionais por Amostra de Domicílios, PNADS, IBGE).

O ciclo virtuoso de melhorias do bem-estar social e o fim da extrema pobreza

*Sonia Rocha**

* Economista. Do Instituto de Estudos do Trabalho e Sociedade, IETS.

INTRODUÇÃO

O país vem vivendo, desde 2004, um momento especial de crescimento econômico sustentado, com taxa média de expansão do PIB de 4,4% ao ano.[1] A crise global levou a resultados negativos para o ano de 2009, mas o produto voltou a se expandir de forma vigorosa em 2010. As estimativas de crescimento para este último ano (7,5%) refletem a força da retomada, o que não deixa de fazer soar alguns sinais de alarme. No entanto, o efeito positivo deste período de crescimento da renda sobre a população é inequívoco, refletindo-se de maneira direta sobre o nível de aprovação de 87% do governo Lula ao final do seu segundo mandato.

Sem dúvida o comportamento da renda tem um efeito imediato sobre o bem-estar e o humor da população, o que frequentemente cria vieses de avaliação global da trajetória percorrida no longo prazo. É verdade que a renda teve uma evolução medíocre entre 1981-2003, principalmente considerando o desempenho excepcional do período anterior, o do chamado "milagre econômico". As oscilações conjunturais que caracterizaram o comportamento da renda no período também contribuíram para tornar menos favorável a percepção retrospectiva de longo prazo.

No entanto, examinando a trajetória de longo prazo, tanto a renda aumentou como ocorreram melhorias das condições de vida em geral. Os indicadores sociais usuais relativos à educação, ao acesso

---

[1] Esta média inclui a estimativa de 7,5% para o crescimento do PIB em 2010. Para comparação, o crescimento médio anual no período 1996-2003 foi de 1,9% (Fonte: Ipeadata).

a serviços públicos, a condições de moradia, todos mostram, sem exceção, progressos sustentados no longo prazo. O aspecto crítico não é então a ausência de progresso no período, mas os níveis insatisfatórios dos indicadores no ponto de partida e o ritmo frequentemente insuficiente em que o progresso se realizou. Como resultado, mantemos hoje o atraso em diversos indicadores, e nos revelamos incapazes de resolver a questão da desvantagem relativa do Brasil em aspectos críticos das condições de vida, do saneamento básico à educação.

O que torna o momento atual especial é a simultaneidade, desde 2004, da evolução favorável de três fatores, determinantes para a melhoria das condições de vida dos brasileiros. Primeiro, o progresso em aspectos estruturais das condições de vida, que pode ser evidenciado pelas mudanças positivas dos indicadores sociais não monetários. Embora as mudanças ocorram a ritmo diverso conforme o indicador, um fato é evidente: houve tendência à aceleração do ritmo de melhoria nos últimos anos, o que certamente potencializa o efeito do comportamento dos dois outros fatores, os relativos a melhorias na distribuição e no nível de renda.

O segundo fator é a redução sustentada da desigualdade de renda, que vem ocorrendo desde 1997. Na verdade, este fenômeno é novidade absoluta no Brasil, onde a desigualdade de renda se mantinha extremamente elevada, tanto em períodos de crescimento da renda como de estagflação. Na verdade, a tendência declinante da desigualdade de renda vem se juntar à redução generalizada de desigualdades não monetárias, que já vinha acontecendo em relação a diversos aspectos captados pelos indicadores sociais.

Finalmente o terceiro fator se refere ao aumento sustentado da renda a partir de 2004, o que nas condições distributivas que vem ocorrendo tem impactos diretos sobre o nível e a composição do consumo das famílias, e sobre a redução da pobreza.

Este texto vai tratar, sequencialmente, desses fatores nas próximas três seções. A quarta seção discute aspectos relativos à sustentabilidade deste ciclo virtuoso.

INDICADORES SOCIAIS E AS MELHORIAS
SUSTENTADAS NO LONGO PRAZO

É comum a percepção de que as condições de vida do Brasil no presente se comparam com desvantagem a aquelas de um passado de felicidade, calma e paz social. Frequentemente são adicionados aspectos positivos, e quase idílicos do mundo rural, em oposição à realidade de um Brasil 85% urbano dos dias de hoje.

No entanto, há evidências numerosas de que as condições de vida no Brasil vêm melhorando de forma sustentável no longo prazo. Indicadores sintéticos mostram uma evolução inequivocamente positiva dos componentes de educação, saúde e habitação, seja no longo prazo, seja em períodos mais curtos. Cabe notar que a evolução favorável dos indicadores sociais ocorre mesmo quando, em função de dificuldades macroeconômicas, as condições de evolução da renda e do mercado de trabalho se mostram adversas. Como resultado, indicadores sintéticos tendem a apresentar progresso sustentado sempre que o conjunto de indicadores sociais tem peso maior na sua composição do que aqueles afetados pela conjuntura econômica. Os componentes do Índice de Desenvolvimento Social (Cavalcanti e Pessoa, 2010) ilustram bem esta questão (Gráfico 1).

GRÁFICO 1
EVOLUÇÃO DO ÍNDICE DE DESENVOLVIMENTO
SOCIAL E DE SEUS COMPONENTES — 1970-2010

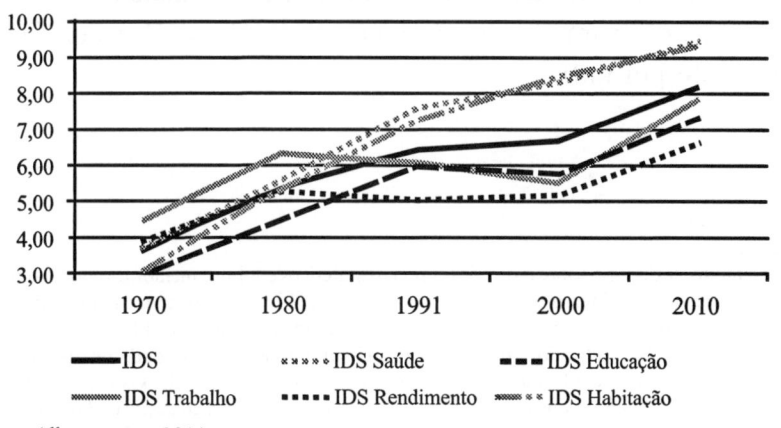

FONTE: Albuquerque, 2011.

Prova irrefutável das melhorias tanto no longo como no curto prazo que vêm ocorrendo no Brasil de forma sustentada são os indicadores de esperança de vida e de mortalidade infantil. Por medirem a duração da vida, são indicadores privilegiados das condições de vida em geral. Em particular, não são afetados por aspectos monetários ou preferências culturais, capazes de introduzir vieses em outros indicadores sociais. Cínicos podem argumentar que é possível viver mais tempo, apesar de condições de vida muito adversas. No entanto, o valor positivo associado à sobrevida crescente é, consensualmente, universal.[2]

A trajetória declinante da taxa de mortalidade infantil seria, neste sentido, uma evidência irrefutável da melhoria continuada das condições de vida no Brasil no longo prazo, especificamente desde o início do século XX. Os dados apresentados no Gráfico 2 mostram ainda que o ritmo de queda se acelera a partir de 1970. Isto certamente está associado ao aumento da renda e à urbanização, que facilita o acesso a serviços públicos básicos para uma parcela crescente da população. Como é bem sabido, a população rural tem tradicionalmente apresentado os piores indicadores de mortalidade infantil, o que vai de par com nível educacional e condições de vida relativamente mais adversas. A partir de 1990 há uma nova aceleração do ritmo de queda da mortalidade infantil, de modo que o resultado observado em 2000 (28,7 por mil) é bem mais favorável do que o projetado para aquele ano logo após o Censo Demográfico de 1991 (35,26 por mil).

---

[2] Quando muito, se discutia sobre indicadores sociais sintéticos e sobre a melhor forma de comparar as condições de vida em diferentes países. Hicks e Streeten (1979) argumentaram que a esperança de vida ao nascer seria um bom indicador único do atendimento das necessidades básicas. Silber (1983) aperfeiçoou este indicador ao incorporar a ele uma função de utilidade relativa aos anos de vida, que pode variar conforme a escolha do analista ou da sociedade. Os índices sintéticos que se utilizam hoje, como o onipresente IDH, são variantes do *physical quality of life*, proposto anteriormente por Morris e Liser (1977), quando se iniciava a discussão metodológica e empírica sobre esta questão.

EVOLUÇÃO DA TAXA DE MORTALIDADE
INFANTIL (POR 1.000) BRASIL, 1930-2009

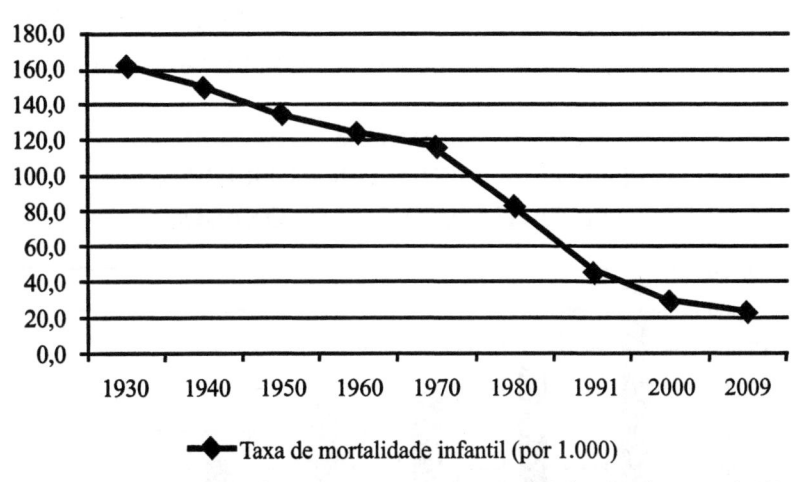

━◆━Taxa de mortalidade infantil (por 1.000)

FONTES: 1930-1980: IBGE, Evolução e perspectivas da mortalidade infantil no Brasil, 1991; 1991 e 2000: Estimativas oficiais a partir dos Censos Demográficos; 2009: IBGE/Fundo de População das Nações Unidas (com base na PNAD 2008).

Apesar dos progressos inequívocos, as condições de vida no Brasil deixam a desejar, quando comparadas com as de outros países com características semelhantes em muitos aspectos. Um bom exemplo é a esperança de vida ao nascer, que incorpora tanto a mortalidade infantil como os efeitos das condições de vida às quais está submetida a população em geral. Este indicador relativo a diferentes países da América Latina, alguns com nível de renda per capita inferior ao do Brasil, evidencia claramente que ainda temos uma importante desvantagem (Gráfico 3). Ademais, há muito que realizar em termos de redução das desigualdades internas do país no que concerne ao nível dos indicadores. Assim, a taxa de mortalidade infantil em nível nacional encobre diferenças entre os diversos *brasis*. Em 2009, por exemplo, a taxa referente à região Sul era menos da metade (15,1 por mil) daquela observada na região Nordeste (33,2 por mil). Por sua vez, cada região, e mesmo áreas relativamente restritas do ponto de vista populacional, apresentam variações frequentemente elevadas em torno da média,[3] de modo que subsistem situações críticas localizadas. Embora no longo prazo tenha havido redução das taxas em todas as áreas, o atendimento prioritário às situações críticas em nível microlocal, que são bem conhecidas, teria impactos muito positivos em todos os sentidos.

GRÁFICO 3

ESPERANÇA DE VIDA AO NASCER E RENDA
PER CAPITA PAÍSES SELECIONADOS

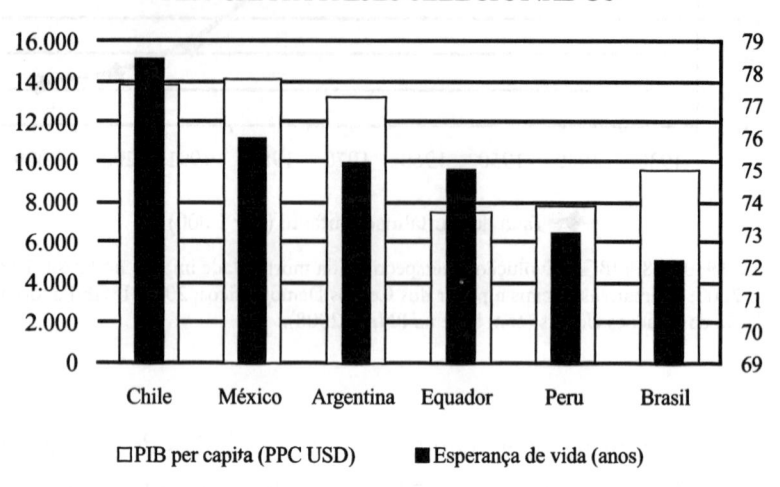

FONTE: PNUD, Relatório do Desenvolvimento Humano, 2009.

Estas melhorias dos indicadores vitais refletem progressos nas ofertas de serviços básicos, em particular nas áreas de saúde e educação, que reconhecidamente apresentaram avanços sustentados de cobertura. Embora a universalização da educação tenha resultado em problemas bem conhecidos quanto à sua qualidade, que se rebatem sobre indicadores insatisfatórios de aprendizado, o aumento

---

[3] Tendo definido uma rede nacional de áreas de tamanho demográfico semelhante — de 80 a 120 mil pessoas — justamente com o objetivo de empreender comparações de indicadores significativas em *cross-section*, verificou-se que, mesmo no interior de municípios de tamanho relativamente pequeno, persistem diferenças importantes de condições de vida. Para dar um exemplo, no município de Maceió, que foi dividido em seis Unidades de População Homogênea, um índice de mortalidade infantil normalizado resultou em uma amplitude importante, o valor máximo sendo de 0,059 e o mínimo de 0,033 (Rocha, 2006).

da escolaridade materna teve efeitos mensuráveis sobre o bem-estar infantil (Monteiro *et al.*, 2009). No caso da saúde, houve expansão significativa do acesso a uma gama mais ampla de serviços. Em ambos os casos os efeitos foram importantes tanto sobre a queda da mortalidade infantil como sobre a duração da vida dos indivíduos adultos, afetando assim, pelas duas vias, o indicador de esperança de vida ao nascer.

DESIGUALDADE DE RENDA

A queda da desigualdade de renda de forma sustentada desde 1997 é o fenômeno novo e bem-vindo para a sociedade brasileira. Ela tende a reduzir o grave conflito distributivo e contribui diretamente para a diminuição da pobreza de forma mais acelerada do que seria viável em condições estáveis de distribuição de renda. Assim, nos últimos quase 15 anos vem sendo realizada pacífica e gradativamente uma transformação essencial, cujos caminhos pareciam incertos e difíceis[4], embora o problema fosse conhecido e estivesse bem mapeado há cerca de meio século.

De fato, desde os primeiros estudos realizados com base nas informações dos Censos Demográficos, ficou evidente o elevado nível de desigualdade de renda prevalecente no país. O índice de Gini da renda das pessoas de 10 anos e mais com rendimento se situava em 0,504 em 1960, e só fez se elevar nas três décadas seguintes, passando a 0,561 em 1970, 0,592 em 1980 e 0,607 em 1990.[5] Portanto, a desigualdade se agravou ao longo do tempo sob condições macroeconômicas muito diversas, isto é, tanto durante o crescimento acelerado entre 1970 e 1980, como no período de estagflação que

---

[4] Nos meados do século XX a desigualdade de renda era frequentemente associada à questão da posse da terra, e a reforma agrária, que nunca avançou a contento, era recomendada por muitos como o caminho privilegiado para a solução da questão.

[5] Hoffmann (2001), para os coeficientes de Gini usando os dados dos Censos Demográficos de 1960, 1970 e 1980. O coeficiente de Gini relativo a 1990 foi calculado a partir dos dados da PNAD, que não são rigorosamente comparáveis aos do Censo.

caracterizou a década de 1980 a 1990. Durante o período de crescimento forte, a escassez relativa de mão de obra qualificada e o controle político sobre o movimento sindical teriam impedido uma melhoria da distribuição de renda.[6] No período de estagflação, a desigualdade de renda se manteve elevada, para o que contribuíram tanto as perdas inflacionárias sofridas por aqueles que se situavam na base da distribuição como pelo acesso dos indivíduos nos estratos econômicos mais altos a mecanismos financeiros para a proteção de suas rendas.

A estabilização monetária levou à eliminação de um determinante básico da desigualdade de renda, a inflação. Este efeito foi reforçado a partir de então por uma série de fatores com impactos distributivos positivos. Certamente já havia fatores demográficos de caráter estrutural operando no sentido da redução da desigualdade, tais como a queda da fecundidade e a mudança na estrutura e na forma de "funcionamento" das famílias. Na verdade, a queda da fecundidade é tanto causa como efeito da maior participação das mulheres no mercado de trabalho, ambos afetando a taxa de dependência[7] e, por meio dela, a desigualdade de renda.

No entanto, os fatores demográficos, embora positivos[8], tiveram um impacto marginal sobre a desigualdade de renda. O fator fundamental para a sua queda foram as mudanças na distribuição da renda do trabalho e, secundariamente, o papel desempenhado pelas transferências de rendas previdenciárias e assistenciais.

O Gráfico 4 apresenta as trajetórias do índice de Gini da renda das pessoas de 10 anos e mais, das pessoas ocupadas com rendimento e dos domicílios em bases total e per capita (RDPC) relativas ao período 1992-2009, evidenciando a queda sustentada que ocorre desde 1997. Cada variável mostra uma faceta da questão, mas, a partir de patamares distintos, todas apresentam tendência à queda. A RDPC, por ser

---

[6] Estes são os dois argumentos que se opõem na famosa controvérsia sobre as razões da piora da distribuição de renda entre 1960 e 1970. A respeito, ver Langoni (1973).

[7] Taxa de dependência do ponto de vista da contribuição para a renda familiar é a relação entre o número de pessoas que tem alguma renda e o total de pessoas na família.

[8] Wadjman, Turra, Agostinho, 2006.

uma variável que, por definição, agrega todas as rendas[9] de todos os membros do domicílio e revela o resultado da repartição intradomiciliar do valor total, é a mais adequada como *proxy* do grau de bem-estar associado à renda, sendo utilizada preferencialmente quando se trata de derivar indicadores de desigualdade e pobreza.

GRÁFICO 4
EVOLUÇÃO DA DESIGUALDADE DE RENDA,
SEGUNDO DIFERENTES VARIÁVEIS — 1992-2009

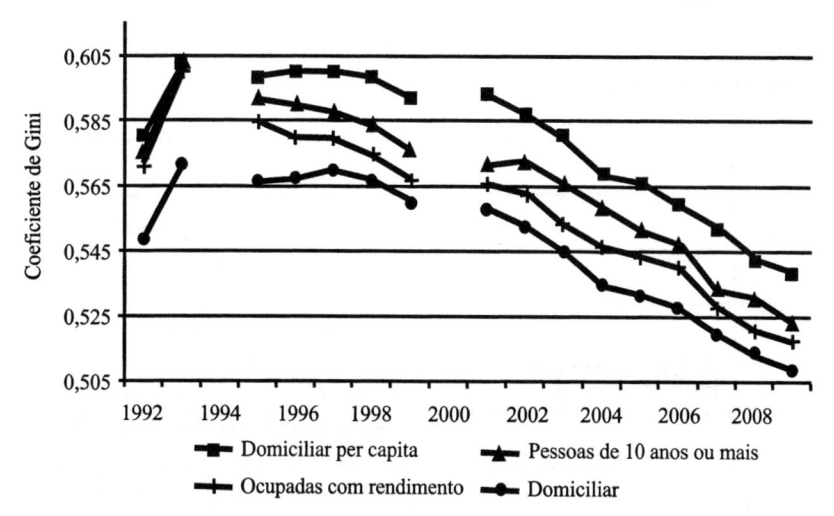

FONTE: PNAD (diversos anos).

O que se passa com a distribuição da renda do trabalho tem papel fundamental porque esta renda representa cerca de 3/4 da renda dos domicílios brasileiros, determinando assim, em larga medida, a trajetória da desigualdade da renda domiciliar per capita.

Inicialmente, a melhoria distributiva dos rendimentos do trabalho ocorre enquanto se deteriora o rendimento médio do trabalho, entre 1997 e 2003, mas tem continuidade mesmo quando o rendimento

---

[9] As rendas consideradas para a construção das variáveis de renda domiciliar e de RDPC são: a) renda do trabalho de trabalhadores em todas as posições de ocupação (empregados, empregadores, conta própria, sejam eles formais ou informais); rendas previdenciárias (pensões e aposentadorias de todos os tipos); aluguéis recebidos; doações recebidas, rendimentos financeiros; transferências assistenciais.

médio passa a se recuperar, a partir de 2004. Isto ocorre devido ao comportamento diferenciado do rendimento do trabalho, favorecendo relativamente os trabalhadores na base da distribuição. Assim, os trabalhadores com rendimentos mais baixos — os primeiros cinco décimos da distribuição — tiveram perdas menores até 1998[10] — quando todos perdem exceto os trabalhadores que recebem em torno do salário-mínimo —, e seus ganhos são maiores a partir de 2004, quando o rendimento médio do trabalho começou a se recuperar.

GRÁFICO 5

RENDIMENTO REAL DO TRABALHO, 1995-2009 (1995 = 100)

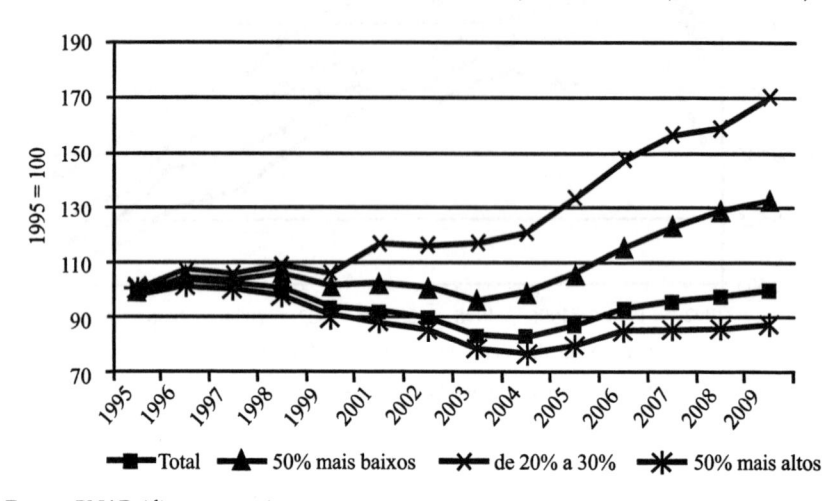

━■━Total ━▲━ 50% mais baixos ━✕━ de 20% a 30% ━✳━ 50% mais altos

FONTE: PNAD (diversos anos).

A este respeito cabem duas observações. A primeira é que a política de valorização real do salário-mínimo teve efeito distributivo positivo, com ganhos mais acentuados para os trabalhadores com este nível de renda e afetando favoravelmente os rendimentos no seu entorno.[11] Cabe destacar que, de 1995 a 2009, o aumento do salário-

---

[10] No período de declínio do rendimento médio, trabalhadores em todos os décimos da distribuição tiveram perdas, exceto aqueles no terceiro décimo da distribuição, diretamente afetados pela política de valorização do salário-mínimo.

[11] Vale observar que no período em questão não houve aumento da informalidade e a proporção de ocupados recebendo exatamente o salário-mínimo ficou estável no período 2002-2009 (Rocha, 2010).

mínimo foi de 91% em termos reais, enquanto o rendimento médio de trabalho só em 2009 retornou ao patamar observado entre 1995 e 1998.[12] É importante lembrar ainda que a política de valorização do salário-mínimo foi sancionada pelo mercado, de modo que os aumentos esperados do desemprego e da informalidade que possam ter ocorrido foram tênues e incapazes de afetar de forma significativa as melhorias distributivas.

A segunda observação diz respeito à continuidade do processo de queda da desigualdade do rendimento do trabalho quando, a partir de 2004, ocorre a retomada do crescimento econômico e início da recuperação do rendimento médio do trabalho. Isto seria evidência de que o aumento dos anos médios de estudo de estudo e, em particular, a redução da desigualdade educacional a partir de 2001 têm tido efeito favorável sobre a distribuição de renda do trabalho. Mais explicitamente, a continuidade da queda da desigualdade do rendimento do trabalho em um contexto de expansão produtiva forte significa que os progressos da escolaridade no período recente foram suficientes para evitar o agravamento da disputa entre unidades produtivas por trabalhadores qualificados, o que poderia aumentar o seu prêmio salarial e, em consequência, a desigualdade da renda do trabalho.

Cabe ainda destacar a conhecida relação entre desigualdade de renda e desigualdade educacional. Estima-se que no Brasil cerca de um terço da desigualdade no rendimento do trabalho pode ser imputada à desigualdade educacional medida em termos de diferenças de anos de escolaridades dos trabalhadores (Ramos, 2006). Assim, a desigualdade do rendimento do trabalho refletiria a desigualdade de escolaridade, a qual estaria associada à escassez relativa de trabalhadores qualificados. Dentro do quadro geral de melhorias dos indicadores sociais, de que se tratou na seção anterior, o progresso no acesso à educação levou ao aumento gradativo do número de anos médios de estudo. Estes se elevam mais rapidamente desde meados da década de 1990 e atingem sete anos em

---

[12] O rendimento médio do trabalho passou de R$ 1.113 em 1995 para R$ 1.111 em 2009, a preços de setembro de 2009 (IBGE/PNAD).

2001, o que parece ter sido determinante para o declínio da desigualdade educacional a partir de então.[13] Assim, a partir do início do século XXI, a queda da desigualdade educacional é um fator a mais para reforçar a tendência de queda da desigualdade de rendimentos do trabalho, que já ocorria desde 1997.

Embora o rendimento do trabalho tenha importância preponderante quando se trata da desigualdade da renda das famílias, as transferências assistenciais sofreram mudanças desde meados da década de 1990, tornando-se crescentemente relevantes no âmbito da RDPC. Esta relevância não está associada à sua participação na renda das famílias, que, embora tenha aumentado — passando de praticamente zero em 1997, para a 1,3% em 2009 —, permanece muito marginal.[14] Trata-se da sua relevância distributiva: o total transferido por meio de muitos benefícios de pequeno valor foi responsável por 18% da queda do coeficiente de Gini da renda família per capita no período 1997-2009.[15]

Vale lembrar que os dois programas de transferência de renda federais — o Benefício de Prestação Continuada (BPC) e o Bolsa Família (BF)[16] — são muito diversos entre si no que concerne à cobertura e ao valor médio do benefício, levando a que os impactos distributivos de cada um sejam marcadamente diferenciados. A Tabela 1 fornece algumas informações básicas sobre os dois programas.

---

[13] A relação entre anos de estudos e nível de desigualdade educacional ocorreu no Brasil exatamente como descrito nos livros-texto. A desigualdade educacional em termos de anos de estudo começa a declinar quando atingido o patamar de sete anos médios de estudo para a população ocupada (Barros, Carvalho, Franco e Mendonça, 2010). Vale observar que este fenômeno ocorreu apesar da baixa qualidade da educação, que se reflete nos indicadores de aprendizagem.

[14] Soares, 2010.

[15] Soares, 2010, op. cit.

[16] Criado na década de 1970 sob outras regras e no âmbito de um quadro institucional diverso, o BPC foi alterado para o formato que tem hoje a partir da regulamentação pela Lei Orgânica da Assistência Social (LOAS) do dispositivo da Constituição de 1988. O BF consolidou em 2003 um conjunto de programas federais criados a partir de meados da década de 1990, exceto o Programa de Erradicação do Trabalho Infantil (Peti). Por motivos estatísticos, o PETI, ao qual correspondem transferências totais de valor ínfimo em comparação ao dos outros dois programas de transferências focalizadas do governo federal, não foi incluído na análise apresentada. Para uma apresentação detalhada destas questões, ver, por exemplo, Rocha, 2008.

Tabela 1
COMPARAÇÃO DE ALGUMAS CARACTERÍSTICAS DOS
PROGRAMAS FEDERAIS DE TRANSFERÊNCIA DE RENDA

	BPC	BF
Nº de Benefícios Pagos/dez.2009 (milhões)	3,5	11,2
Valor Médio do Benefício 2009 (R$)	465	8,88
Dispêndio Anual 2009 (R$ milhões)	18,9	12,1
Impacto sobre a ΔGini 1997-2009		
pontos percentuais	-0,3	-0,8
%	7,1	19

Fontes: MDS; MPS; IBGE/PNAD (diversos anos).

Tendo em vista os objetivos deste texto, cabe chamar a atenção para dois aspectos. Primeiro, a eficácia distributiva do Bolsa Família: embora a PNAD capte uma participação equivalente dos dois programas nos rendimentos declarados pelas famílias, o BF teria sido responsável no período entre 1997 e 2009 por um impacto distributivo — entendido como efeito sobre a redução do Gini da RDPC — 2,7 vezes maior que o BPC (Tabela 1). Segundo, a importância distributiva das transferências assistenciais em relação aos demais componentes da RDPC.

O papel das transferências assistenciais para a redução da desigualdade de renda pode ser mais bem aquilatada quando se consideram todas as componentes da RDPC agrupadas em quatro grandes categorias — rendimento do trabalho, previdência social, assistência social e outras rendas. Os dados da Tabela 2 mostram que todos os componentes contribuíram para o declínio do coeficiente de Gini da RDPC de 0,599 em 1997, para 0,538 em 2009 (-6,1 pontos percentuais). O rendimento do trabalho e as transferências assistenciais, responsáveis por 87% desta queda, foram, por razões diversas, os principais protagonistas desta evolução favorável. No entanto, o impacto distributivo das transferências assistenciais, que correspondem a apenas 1,3% do valor total da renda das famílias, é relativamente muito mais importante do que o da renda do trabalho.

Tabela 2

CONTRIBUIÇÃO DAS DIFERENTES RENDAS PARA A QUEDA
DA DESIGUALDADE MEDIDA PELO GINI DA RDPC — 1997-2009

Gini 1977:	0,599	**>**	-0,061
Gini 2009:	0,538		
Contribuições (p.p.):	Renda do trabalho		-4,2
	Transferências Assistenciais		-1,1
	Previdência Social		-0,3
	Outras rendas		-0,5
	Δ Gini 1997-2009		-6,1

Fonte: Soares (2010).

Finalmente, cabe observar que as desigualdades relativas aos diferentes tipos de variável de renda, medidas pelo coeficiente de Gini, caíram a ritmo semelhante entre 1997 e 2009 (Gráfico 3). Embora o nível de desigualdade da RDPC continue mais elevado em relação ao verificado para as outras rendas, o diferencial não se agravou, o que se deve certamente ao papel das transferências focalizadas, que foram capazes de neutralizar efeitos culturais e demográficos potencialmente adversos sobre a desigualdade da RDPC.[17]

RENDA E POBREZA

As melhorias dos "indicadores sociais" no longo prazo, de que se tratou na seção 2, e as melhorias distributivas desde 1997 são potencializadas em termos de bem-estar e progresso das condições de vida da população quando se inicia o aumento sustentado da renda a partir de 2004.

O ano de 2004 representa um marco quando se considera a trajetória de crescimento econômico irregular e, em média, medíocre que ocorreu desde o início da década de 1980 até o ano em questão. Dez

---

[17] Trata-se, por exemplo, de padrões de nupcialidade, que podem afetar adversamente a desigualdade da renda domiciliar per capita.

anos depois da estabilização monetária, o Brasil retomou o crescimento econômico sustentado, o que causou a inflexão da renda média das pessoas e das famílias, que entre 1996-2004 tinha apresentado um declínio praticamente continuado. Com a recuperação, a renda domiciliar per capita (RDPC) voltou em 2005 aos níveis observados em 1996, e continuou se elevando desde então.

GRÁFICO 6
EVOLUÇÃO DA RENDA DO TRABALHO E DA RENDA
DOMICILIAR PER CAPITA — 1995-2009

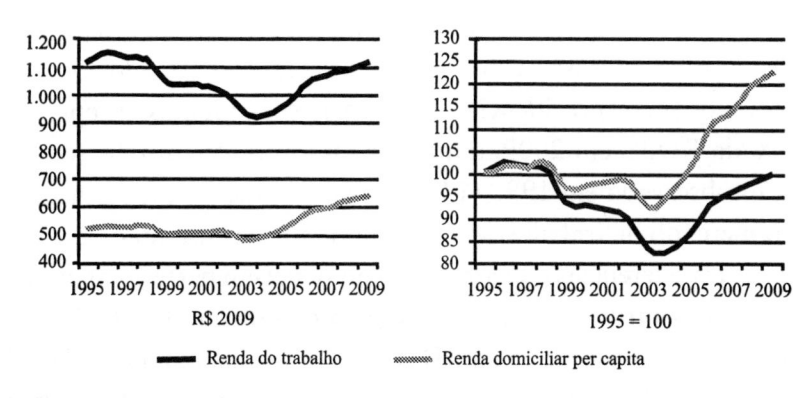

FONTE: IBGE/PNAD; IETS, com base na PNAD.
NOTA: Exclui Norte rural, exceto Tocantins.

A evolução mais favorável e a recuperação "precoce" da renda domiciliar per capita — "precoce" em relação à do rendimento médio do trabalho, bem entendido[18] — tem a ver com diferentes categorias de determinantes, dentre os quais dois são básicos.

Por um lado, os determinantes demográficos. O declínio da taxa de fecundidade tem o efeito de reduzir progressivamente a taxa de dependência no interior das famílias, seja diretamente ou via participação feminina crescente no mercado de trabalho. A inter-relação de efeitos contribui para a melhoria do nível e das condições de rateio da renda domiciliar.

---

[18] Como se viu em na seção 3, o rendimento médio do trabalho, que também se recupera desde 2004, não tinha ainda atingido em 2009 o pico de 1996.

Por outro lado, a recuperação "precoce" da RDPC é determinada pelas transferências previdenciárias e assistenciais, que se expandem continuamente desde meados da década de 1990, na esteira da política de valorização do salário-mínimo e do aumento da cobertura dos benefícios. O envelhecimento da população ocorre em condições de melhoria da cobertura e do valor dos benefícios da previdência social, 80% dos quais correspondem ao salário-mínimo. Também se expandem a cobertura e o valor transferido pelos programas assistenciais de transferência de renda para os mais pobres — tanto o Benefício de Prestação Continuada (BPC/LOAS) como o Bolsa Família.[19] As aposentadorias e pensões pagas pelo INSS juntamente como os valores transferidos pela assistência social aumentaram espantosos 128% em termos reais no período 1997-2009. Em consequência, previdência e assistência social juntas já representam 20,1% da RDPC em 2009, um avanço importante em relação à participação observada em 1997 (14,1%). Vale destacar que, na medida em que o mercado de trabalho se recupera de forma sustentada a partir de 2004, as transferências deixam de ter um papel em parte compensatório, passando a contribuir integralmente para o aumento da RDPC.

O aumento sustentado da RDPC à taxa média anual real de 4,76% no período 2003-2009[20] teve impactos imediatos sobre o bem-estar das famílias, em especial porque viabilizou o aumento do consumo, o qual, aliás, foi potencializado pela ampliação vigorosa do crédito.[21] Chama a atenção o comportamento de setores como o eletroeletrônico,[22] o auto-

---

[19] Sobre a coexistência de dois sistemas de transferência de renda focalizados nos pobres, ver Rocha e Albuquerque, 2009.

[20] A preços de 2009, a renda domiciliar per capita passou de R$ 482, em 2003, para R$ 637, em 2009 (PNAD/IBGE).

[21] O crédito às pessoas físicas vem se expandindo celeremente através de diversos mecanismos, tais como empréstimos consignados e cartão de crédito de varejistas, mas o aumento da renda e a formalização do mercado também vêm contribuindo favoravelmente. O volume de crédito como percentual do PIB evoluiu de 25,7% do PIB em 2004 para 46,6% do PIB em 2010, sem esquecer que se trata de um período de expansão do PIB (Fonte: Banco Central do Brasil). Vale destacar que, embora as taxas de juros tenham declinado no período, na esteira da queda da Selic, que passou de 16,50% em dezembro de 2003 para 11,25% no início de 2011, elas ainda se situavam em níveis alarmantemente altos para os padrões internacionais.

[22] Os indicadores sociais tradicionais não dão conta da melhoria de bem-estar associada à expansão recente do consumo de bens duráveis. Indicadores quanto a itens de conforto do domicílio (durabilidade, densidade de ocupação e posse de bens duráveis) não permitem diferenciar a retomada recente da tendência favorável observada no longo prazo, já que a prevalência de

mobilístico, o de viagens e turismo, nos quais a ampliação do consumo interno e o aumento da concorrência levaram à redução de preços, permitindo ciclos sucessivos de expansão do mercado.

GRÁFICO 7
EVOLUÇÃO DO DISPÊNDIO COM TRANSFERÊNCIAS
DO GOVERNO FEDERAL, PREVIDÊNCIA SOCIAL
E DA ASSISTÊNCIA SOCIAL — 1995-2009

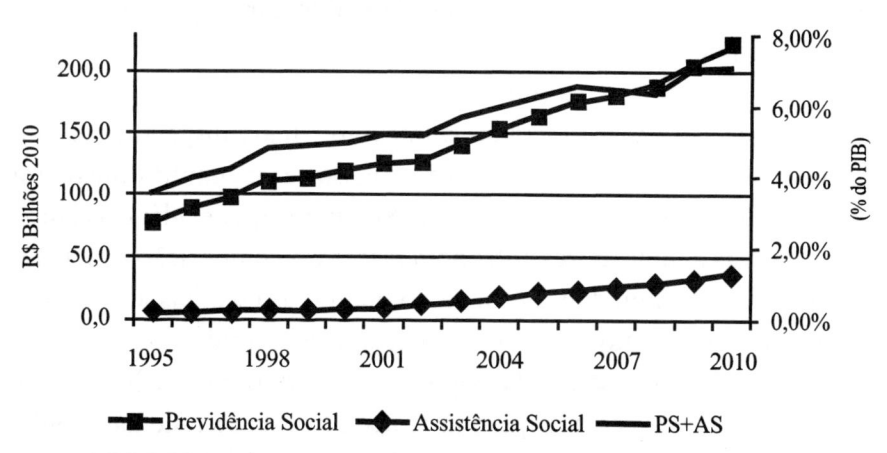

FONTE: MDS; MPS; Ipeadata.

Além da demanda crescente por bens duráveis e por serviços, o aumento de renda se reflete na mudança da estrutura de consumo corrente. Como é bem sabido, a elasticidade-renda do consumo alimentar é menor do que a unidade (Lei de Engel), de forma que qualquer aumento do nível de renda se rebate sobre a redução da participação do consumo alimentar no consumo total.

A queda da participação do consumo alimentar no consumo total de 20,8%, em 2003, para 19,8%, em 2009, foi amortecida por mudanças importantes na estrutura do consumo alimentar.[23] Assim, os consumidores optaram crescentemente por produtos de maior valor — a par-

---

algumas situações medidas se aproxima do máximo ideal e que boa parte do consumo recente está associada a melhorias de qualidade e a *upgrades* tecnológicos. Para séries de longo prazo desses indicadores construídos a partir da PNAD, ver www.iets.org.br.
[23] Pesquisa de Orçamentos Familiares (POF/IBGE).

ticipação do grupo carnes no consumo no domicílio passou de 18,3% para 21,9% —, e por supérfluos, como bebidas, que passaram de 8,5% para 9,7%. Por outro lado, cresceu fortemente o consumo alimentar fora de casa, que já representa quase 1/3 do consumo alimentar total (24,1% em 2003 e 31,1% em 2009). Cabe lembrar que as despesas de consumo alimentar fora do domicílio não são estritamente alimentares, na medida em que se vinculam em parte à conveniência e ao lazer, o que tem o efeito de mascarar uma queda real maior da participação do consumo alimentar na despesa das famílias.

É fato que, em face do aumento da renda, as pessoas ganham graus de liberdade para fazer escolhas alimentares mais dispendiosas, que atendem melhor ao seu gosto e permitem, portanto, ganhos imediatos de satisfação e sensação de bem-estar. No entanto, as evidências empíricas relativas a indicadores antropométricos e à composição das dietas evidenciam que as mudanças em curso quanto às escolhas alimentares já mostram efeitos adversos no presente, e, se mantidas, terão efeitos devastadores sobre a saúde da população brasileira no médio e longo prazos. Assim, o excesso de peso já atinge cerca da metade da população adulta, havendo adicionalmente 15% de obesos.[24] A elevação dos índices de excesso de peso e de obesidade na presente década ocorreu em todas as faixas etárias,[25] mas também independentemente de região, área urbana ou rural e classe de renda. Deste modo, o aumento da renda que leva a mudanças no consumo presente no sentido que aumentar o bem-estar das famílias se dá em flagrante descompasso com o que se entende como condições de bem-estar no futuro, ligadas à saúde e à longevidade.

A frequência crescente com que ocorre a prevalência de excesso de peso e obesidade no Brasil é evidência de que pobreza sob o enfoque da renda não pode ser associada à fome. Embora persistam no país áreas restritas de pobreza crítica onde falta tudo, inclusive alimentos, a po-

---

[24] População de 20 anos e mais (IBGE, POF 2008-2009).
[25] Indicadores de excesso e déficit de peso relativos a crianças com idades inferiores a cinco anos, não foram disponibilizados pelo IBGE por apresentar grau de precisão insuficiente (IBGE/POF, 2010).

breza do ponto de vista da renda não está geralmente associada à fome. Fome, e mais frequentemente subnutrição, ocorre hoje no Brasil por razões sociais e culturais, especialmente dentre indivíduos dependentes, como crianças em idade pré-escolar e idosos. Assim, enquanto se reduz a frequência de déficit de peso entre os indivíduos, aumentam de forma calamitosa o excesso de peso e a obesidade.

As boas e más notícias relativas ao consumo alimentar e aos seus impactos antropométricos têm evoluído de forma consistente no longo prazo: as evidências empíricas disponíveis desde a década de 1970[26] mostram melhorias no acesso a alimentos, mas deterioração das escolhas alimentares realizadas pelas famílias, dadas as suas restrições de renda, independentemente da situação conjuntural de renda. Isto porque as mudanças no consumo têm uma componente estrutural forte que acompanha a evolução da renda no longo prazo.

GRÁFICO 8

PROPORÇÃO DE POBRES E DE INDIGENTES — BRASIL,* 1992-2009

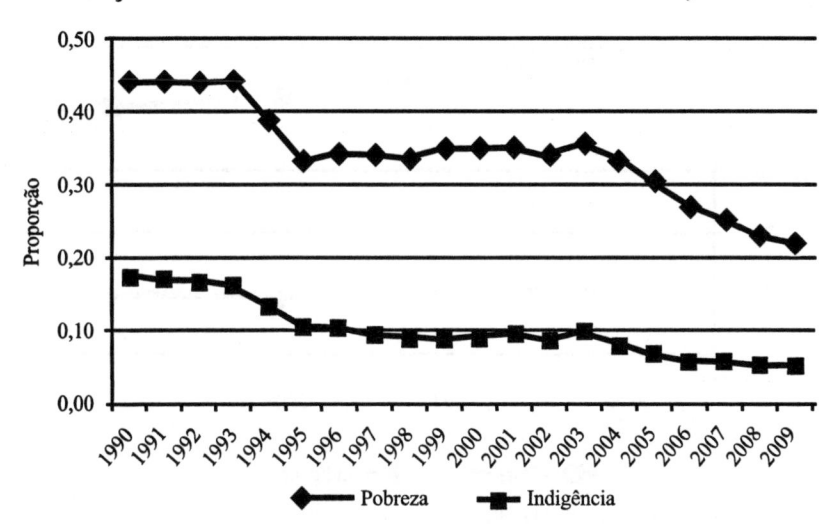

*Exclui Norte rural, exceto Tocantins.

FONTE: Rocha, com base na PNAD (diversos anos).

---

[26] Pesquisas nacionais por amostragem realizadas no Brasil, desde o Endef em 1974-1975, até a POF 2008-2009, passando pelos inquéritos específicos sobre nutrição do IBGE e pelo Ministério da Saúde são unânimes em detectar esta tendência.

Em contrapartida, a incidência da pobreza enquanto insuficiência de renda acompanha de perto os movimentos conjunturais e, por esta razão, respondeu de forma direta e imediata à retomada do crescimento econômico desde 2004. Os índices de pobreza, que tinham se estabilizado em torno de 34% depois do forte declínio associado à estabilização monetária, apresentam quedas sustentadas desde então, atingindo mínimos históricos a cada ano (Gráfico 6). Os indicadores de indigência (ou extrema pobreza), que vinham tendo uma evolução mais favorável do que os de pobreza no período 1995-2004, parecem ter encontrado um patamar de resistência ao atingir a proporção de 5% da população em 2006. Vale notar que desde então o número de indigentes apresentou oscilações, tendo aumentado em 2007 e 2009, enquanto o número de pobres manteve a trajetória declinante, mesmo frente à crise de 2009.[27]

GRÁFICO 9
NÚMERO DE POBRES E INDIGENTES — BRASIL, 2006-2009

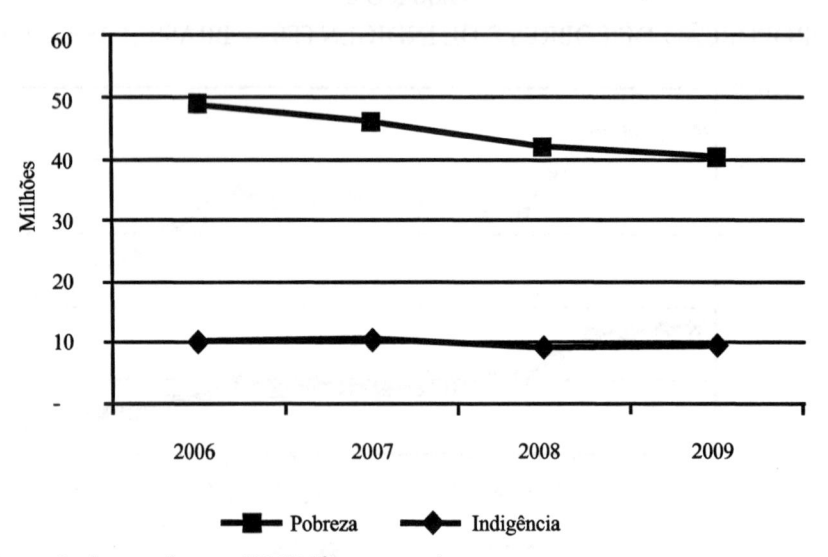

FONTE: Rocha, com base na PNAD (diversos anos).

---

[27] Vale lembrar que os dados de rendimento da PNAD se referem a setembro de cada ano, e que o ponto crítico da crise global no Brasil ocorreu no primeiro trimestre de 2009.

Os dados da PNAD permitem determinar por unidade de federação e estrato de residência a distribuição geográfica dos indivíduos que, em setembro de 2009, se qualificavam como extremamente pobres, isto é, que tinham na ocasião renda domiciliar per capita inferior ao nível estimado para atender as necessidades alimentares (ver os valores no Posfácio). As situações que merecem destaque são de dois tipos.

Por um lado, existem contingentes numericamente importantes de indigentes em áreas onde a sua proporção é relativamente baixa. É o caso das metrópoles de Rio de Janeiro e São Paulo, onde, embora a proporção de indigentes se situe em um nível 30% inferior à média brasileira, o conjunto total de indigentes ultrapassa um milhão de indivíduos, correspondendo a 11% do total de indigentes no Brasil. Trata-se da extrema pobreza que se concentra especialmente nas periferias metropolitanas, com características marcantes de exclusão social.[28]

Por outro lado, a extrema pobreza ainda apresenta proporções muito elevadas no Nordeste: em média a proporção de indigentes no Nordeste é quase o dobro da brasileira — respectivamente 9,6% e 5,2% —, mas as diferenças locais são muito importantes, cabendo os piores indicadores para as áreas rurais. Como resultado, a região Nordeste com 28% da população brasileira é responsável por 53% do número de indigentes do país. Tem destaque a proporção de 22% de indigentes na zona rural do Maranhão, o que corresponde a quase 450 mil indivíduos, mas, como mostram os dados da Tabela 3, a situação é crítica em diversas áreas, inclusive urbanas e metropolitanas de diferentes estados nordestinos.

Naturalmente os obstáculos diante do objetivo de eliminar a pobreza extrema são diferentes conforme as características da população e das áreas de maior incidência, mas, a este respeito, três questões merecem destaque.

---

[28] Técnicos do Bolsa Família estimam que parcela das famílias elegíveis, mas não beneficiárias do programa, vivem em áreas metropolitanas especialmente degradadas, próximas a lixões, ou controladas pelo tráfico, não tendo acesso a serviços públicos básicos e estando fora do âmbito de atuação dos serviços de assistência social.

TABELA 3

NÚMERO E PROPORÇÃO DE INDIGENTES NO NORDESTE, 2009

Região, estratos e unidades da federação	Número	Proporção (%)	Região, estratos e unidades da federação	Número	Proporção (%)
Nordeste	5.116.279	9,64	Pernambuco	943.809	11,06
Metropolitano	827.814	7,63	Recife	352.143	9,70
Urbano	2.230.540	7,96	Urbano	287.534	9,41
Rural	2.057.925	14,50	Rural	304.132	16,48
Maranhão	796.217	12,42	Paraíba	328.263	8,62
Urbano	356.457	8,00	Urbano	231.895	7,84
Rural	439.760	22,51	Rural	96.368	11,35
Piauí	241.848	7,74	Alagoas	417.385	13,13
Urbano	101.542	5,24	Urbano	207.879	9,66
Rural	140.306	11,80	Rural	209.506	20,42
Ceará	804.423	9,53	Bahia	1.198.126	8,34
Fortaleza	231.420	6,57	Salvador	244.251	6,60
Urbano	323.722	10,40	Urbano	477.975	7,50
Rural	249.281	13,79	Rural	475.900	11,08
Rio Grande do Norte	229.488	7,22	Sergipe	156.720	7,70
Urbano	134.069	5,82	Urbano	109.467	6,49
Rural	95.419	10,90	Rural	47.253	13,57

FONTE: Rocha, com base na PNAD 2009.

A primeira é que a renda das famílias varia ao longo do tempo, sendo que no caso das famílias mais pobres, cuja renda é por definição mais incerta e baixa, esses movimentos são mais frequentes, mesmo ao longo de um período de poucos meses. No entanto, foi estimado que 73% da pobreza no Brasil era crônica,[29] de modo que é legítimo supor

---

[29] Ribas e Machado (2007) estimaram que 73% da pobreza no Brasil entre 1995 e 2003 é crônica/permanente, por oposição à temporária.

que o percentual seja ainda mais elevado quando se trata da pobreza extrema. Ademais, é provável que a maior parte dos indivíduos em condição de pobreza extrema qualificável como provisória oscilem entre pobreza extrema e pobreza. Isto significa que embora a PNAD reflita a situação de um momento no tempo,[30] o número de indivíduos em condições de pobreza extrema a proteger de forma prioritária é bem próximo do derivado da pesquisa.

A segunda questão refere-se ao fato de que a eliminação da pobreza extrema do ponto de vista da renda não depende da trajetória futura de crescimento econômico. Hoje o hiato de renda dos indigentes[31] já é pequeno, devido à redução progressiva do número de indivíduos nesta condição, que passa de 19,9 milhões em 2003 para 9,4 milhões em 2009.[32] Estatisticamente, o custo estimado para trazer todo este conjunto de indivíduos ao nível da linha de pobreza extrema seria de R$ 4,3 bilhões em 2009, ou apenas 0,13% do PIB daquele ano. Este montante representa cerca de apenas 14% das transferências realizadas em conjunto pelo Bolsa Família (R$ 12,1 bilhões) e pelo BPC (R$ 18,8 bilhões) em 2009.

Então, do ponto de vista do hiato da renda, o problema certamente não é o custo envolvido, mas a localização e incorporação dessas famílias aos programas de transferência. A exclusão em que vivem torna difícil o acesso dos agentes dos programas a estas famílias. Ademais, em áreas metropolitanas, onde o custo de vida é relativamente elevado, muitas não se interessam por receber o benefício do Bolsa Família, que aliás seria incapaz de, por si só, tirá-las da condição de pobreza extrema.

---

[30] A PNAD capta a renda no mês de setembro, não a renda permanente, como seria desejável para caracterizar a situação de pobreza.

[31] Hiato da renda dos pobres (e dos indigentes ou extremamente pobres) é o valor total necessário para elevar a renda de cada indivíduo pobre (ou indigente) ao nível definido para a linha de pobreza (indigência).

[32] Número de indigentes em 2009 é de 9,6 milhões incluindo a totalidade da área rural da região Norte.

TABELA 4
EVOLUÇÃO DO HIATO DA RENDA RELATIVO
À INDIGÊNCIA (OU POBREZA EXTREMA) BRASIL, 1999-2009

	R$ milhões*	% PIB
1999	2.633	0,25
2001	3.696	0,28
2002	3.637	0,25
2003	5.065	0,30
2004	4.503	0,23
2005	3.979	0,19
2006	3.402	0,14
2007	4.011	0,15
2008	3.905	0,13
2009	4.354	0,14

*Valores correntes.
FONTE: Rocha, Ipeadata.

A terceira questão concerne ao atendimento desta população mais excluída e vulnerável, não apenas do ponto de vista da transferência de renda, mas de serviços básicos. Atenção materno-infantil centrada nos serviços de saúde, pré-escola e nutrição tem a vocação para ser o tripé assistencial básico. Embora não só o custo seja incomparavelmente mais elevado do que o das transferências de renda, como inexista estrutura e pessoal para a prestação desses serviços, é indispensável começar o quanto antes, priorizando as situações mais críticas e realizando parcerias com prefeituras e a sociedade civil sempre que possível. Neste sentido a redução da pobreza e da indigência, que se deveu ao aumento da renda desde 2004 e que foi potencializada pela queda da desigualdade de renda, é apenas uma parte da história.

PERSPECTIVAS E O FIM DA EXTREMA POBREZA

Apesar das ameaças de curto prazo que se delineiam desde 2010, associadas a déficit fiscal e inflação crescentes, este texto teve como objetivo mostrar que vivemos hoje no Brasil um período de ouro, com características tais que nunca tínhamos visto no país anteriormente: às melhorias de longo prazo das condições de vida no que tange à educação, saúde, habitação etc., que se refletem de forma sintética na redução da mortalidade infantil e no aumento da esperança de vida, veio se juntar o aumento sustentado da renda com redução da desigualdade da sua distribuição. Naturalmente tal cenário gera uma sensação de bem-estar social, que traz consigo dividendos políticos inegáveis.

Diante deste contexto a questão que se coloca é se esta evolução é sustentável e o que há para fazer para preservar a trajetória virtuosa que se apresenta desde 2004.

Retomando os três tópicos que foram examinados ao longo deste texto.

Primeiro, no que concerne aos indicadores sociais. Os progressos são patentes, mas há problemas graves tanto no que concerne à qualidade do provimento dos bens e serviços que estão na base da melhoria dos indicadores, como à gestão do gasto. Assim, é consensual que, embora o acesso à educação básica tenha melhorado, a qualidade pouco avançou a partir de níveis internacionalmente muito baixos, como mostram os resultados do Pisa.[33] No ensino universitário, temos um contingente muito pequeno, cerca de 20% da coorte de 18 a 24 anos, o que resulta, por um lado, da baixa qualidade dos níveis de ensino pré-universitário e, por outro lado, da falta de renda para pagar pelo ensino particular, já que sobram vagas tanto nas universidades públicas como nas privadas.[34] O custo por aluno escandalosamente alto do ensino superior público é um resultado das mazelas acumuladas da política universitária no Brasil. Neste sentido, a expansão do gasto em si não é solução. O orçamento do MEC teve aumento real de 140% entre

---

[33] Por exemplo, 50% das crianças brasileiras com 4 anos de escolaridade não se alfabetizam.

[34] O ProUni ao dar acesso a cursos superiores particulares faz muito pouco, e ademais, muito provavelmente em detrimento da qualidade: em 2010 havia 450 mil bolsistas do ProUni ou cerca de 8% dos estudantes matriculados no ensino superior (dados citados por Iochpe, *in Veja*, 29/12/2010).

2003 e 2010,[35] o que não se rebateu ainda sobre resultados em termos de aprendizagem dos alunos. O diagnóstico já se conhece: professores que ensinem em escolas que funcionem. Embora se trate de uma receita aparentemente óbvia e simples, envolve, na verdade, mudanças muito difíceis de realizar.

Os problemas na saúde são de natureza semelhante, sendo necessárias mudanças estruturais dos sistemas e melhorias radicais na gestão, de forma a garantir o equilíbrio desejado entre o acesso aos procedimentos de alta complexidade e os de saúde básica. Há muito a fazer para ganhar eficiência, evitando desperdício de pessoal e de material, assim como aqueles associados à superposição de atendimentos e à realização de procedimentos desnecessários.[36]

Segundo, no que concerne à redução da desigualdade de renda, cabe atentar para as ações no mercado de trabalho e para as mudanças nos desenhos dos programas de transferência de renda com potencial para dar continuidade ao processo distributivo em curso.

No caso do mercado de trabalho, a política de valorização do salário-mínimo certamente deu uma contribuição distributiva importante, mas os especialistas são céticos sobre a sustentabilidade do processo: o salário-mínimo já se aproxima de 50% do valor do rendimento médio do trabalho,[37] tendo-se valorizado 91% em termos reais desde 1995, uma trajetória surpreendente para o pouco espaço de tempo, ainda mais por não ter tido efeitos adversos observáveis em relação ao desemprego e à informalidade. Dada a trajetória já percorrida, há duas vertentes a considerar. Por um lado, desatrelar do salário-mínimo de outros parâmetros, como o benefício básico de aposentadorias e pensões, assim como o Benefício de Prestação Continuada. Na medida em que o salário-mínimo se valoriza e se afasta de um valor mínimo de subsistência, cabe alterar as regras de ajuste destes benefícios, desvinculando-os do salário-mínimo, cuja função precípua é ser o piso do

---

[35] Iochpe, op. cit.

[36] A expansão do modelo de PSF em bases eficientes e a implantação do cartão SUS seriam medidas no sentido de racionalizar o presente sistema.

[37] Em setembro de 2009, último dado disponível, o salário-mínimo correspondia a 43% do rendimento médio do trabalho (R$ 1082). Fonte: IBGE, PNAD 2009.

mercado de trabalho.[38] Feito de forma criteriosa, tais medidas podem trazer ganhos distributivos importantes, além de liberar recursos para ações focalizadas nos mais pobres, mas não diretamente associadas à transferência de renda. Por outro lado, realizar melhorias educacionais, que se constituem no caminho natural de reduzir as desigualdades no mercado de trabalho, por meio da eliminação de pontos de estrangulamento na oferta de mão de obra especializada. Há que ter em mente que reduzir a desigualdade no mercado de trabalho é uma meta estratégica, já que os mecanismos de transferências de renda têm necessariamente um papel compensatório e subsidiário na formação da renda das famílias.

Quanto às transferências de renda, mantê-las será necessário para proteger aqueles que se encontram em desvantagem relativa importante, estrutural ou conjunturalmente. Neste sentido, há que reconhecer que a porta de saída para uma parte ponderável dos beneficiários não existe, ou depende de evoluções de médio prazo na composição da família, para o que a melhoria educacional da geração mais jovem tem um papel fundamental. No entanto, medidas são necessárias para harmonizar os dois sistemas de transferências federais hoje em operação — Bolsa Família e Benefício de Prestação Continuada —, embora os empecilhos institucionais e políticos sejam importantes. Em particular é essencial evoluir no sentido de equilibrar os benefícios a favor das crianças, já que os idosos, do ponto de vista da renda, estão muito mais bem aquinhoados que a população em geral.[39] Ademais, está empiricamente comprovado que benefícios de valor baixo, bem focalizados na população mais pobre, como vem ocorrendo com o Bolsa Família, têm efeitos distributivos muito mais importantes que aqueles bem mais elevados do BPC.[40]

---

[38] A respeito dos ajustes necessários nos mecanismos institucionais, ver Giambiagi, 2007.

[39] Enquanto a proporção de pobres dentre as crianças até 4 anos se situava em 41,4% em 2008, a proporção relativa aos indivíduos de 60 anos ou mais era de 6,2% no mesmo ano (estimativas da autora com base na PNAD).

[40] Soares (2010).

Terceiro, a manutenção da trajetória favorável de aumento da renda e redução da pobreza depende da capacidade de manter o crescimento econômico na faixa dos 5% a 6% ao ano. A expansão sustentada a estas taxas se assevera um desafio, devido tanto à baixa taxa de investimento — 18,4% do PIB em 2010 — e às dificuldades de elevá-la rapidamente,[41] como aos pontos de estrangulamento evidentes que geram pressões inflacionárias. Aumentar o investimento do governo é desejável, mas encontra dificuldades em face do comprometimento futuro da receita com gastos correntes[42] e às dificuldades de realizar os acertos políticos indispensáveis. Do ponto de vista das famílias, a taxa de poupança é historicamente baixa e, devido à memória inflacionária, o *trade-off* entre consumo e poupança ocorre a taxas de juros relativamente altas. Estimular a poupança privada através de mecanismos previdenciários, tributários e financeiros é possível, mas os resultados são necessariamente lentos. Nesse contexto, o recurso à poupança externa para elevar a taxa de investimento da economia é inevitável.

Naturalmente o crescimento da renda tem sido favorável à redução da pobreza absoluta, no que foi eficazmente secundado pela componente distributiva. A este respeito é importante destacar que a pobreza extrema já se situa em níveis relativamente modestos, 5% da população, de modo que o hiato da renda envolve um montante de recursos anuais de cerca de R$ 4,3 bilhões, cujo financiamento pode ser facilmente equacionado. A questão da eliminação da pobreza extrema não está, portanto, associada ao montante da renda necessária em si, mas à dificuldade de focar a população mais vulnerável, seja para realizar as transferências de renda, seja para garantir o acesso a serviços de proteção social de forma integrada. Enquanto a transferência de renda é uma medida necessária, mas reconhecidamente paliativa, a solução definitiva da pobreza extrema reside em mudanças

---

[41] A taxa de investimento compatível com crescimento de 5% a 6% ao ano deveria se situar entre 23% e 25%.

[42] As despesas correntes com pessoal e encargos têm se acelerado fortemente nos últimos anos, passando de 4,4% para 5,1% do PIB entre 2004 e 2010 (Fonte: STN), e isto apesar da trajetória favorável em termos de crescimento do produto.

estruturais vinculadas ao binômio educação-saúde, com ênfase no atendimento materno-infantil.

POSFÁCIO

O QUE SIGNIFICA UMA LINHA DE POBREZA (OU DE EXTREMA POBREZA) OFICIAL?

Este texto já havia sido entregue quando o governo federal, através do Ministério do Desenvolvimento Social e Combate à Fome, fez pública a decisão de adotar o valor de R$ 70 como linha de extrema pobreza oficial. Simultaneamente, divulgou estimativas de número e proporção de pobres com base nos dados provisórios do Censo Demográfico de 2010, relativos ao universo.

A decisão de adotar uma linha oficial é vista com ceticismo por vários especialistas, mas é uma reivindicação antiga do Partido dos Trabalhadores que, desde os tempos em que era oposição, via a existência de um ou diversos parâmetros de renda como instrumento essencial para estabelecer metas de redução da pobreza e para acompanhar os resultados obtidos ao longo do tempo.

A criação da linha de pobreza extrema oficial suscita duas classes de consideração, sendo a primeira sobre o valor do parâmetro em si, e a segunda sobre os resultados obtidos com a sua aplicação.

Ao estabelecer a linha de extrema pobreza correspondendo ao valor de renda domiciliar per capita igual ou inferior a R$ 70, o MDS fez uma opção pela simplicidade e pela praticidade. Este valor corresponde ao patamar inferior de renda utilizado pelo Bolsa Família para a definição do valor da transferência de renda que cabe a cada beneficiário. À taxa de câmbio atual também corresponde aproximadamente ao valor mensal da linha de extrema pobreza do Banco Mundial — US$ 1,25 dia — adotada na tentativa de comparar a incidência de pobreza em diferentes países.

Naturalmente um valor único nacional não pode refletir as diferenças de custo de vida dos pobres nas diversas áreas do país, que, como é sobejamente conhecido e documentado, varia bastante entre áreas urbanas e rurais, assim como entre regiões. É intuitivamente percebido que o custo de vida para todos, portanto também para os pobres, tende a ser mais elevado em áreas metropolitanas do que nas urbanas, e nas urbanas mais do que nas rurais. No Brasil, ao longo dos anos, o IBGE produziu um conjunto riquíssimo de informações sobre renda e consumo das famílias, captando as diferenças de estrutura de consumo e do valor de despesas. Estas informações permitem que se estabeleçam linhas de pobreza específicas de forma espacialmente bastante detalhada. Apenas com o uso de valores diferenciados entre áreas, que reflitam a diversidade do custo de vida, faz sentido comparar a incidência de pobreza em *cross-section* em determinado momento no tempo, por exemplo, a proporção de pobres entre zonas rurais e urbanas; entre a região Nordeste e a Sul; ou entre Belém e Curitiba. No entanto, a linha de pobreza única serve como referência simples e de ampla compreensão para acompanhar a evolução da população com renda inferior àquele patamar reconhecidamente baixo ao longo do tempo. Naturalmente, comparações intertemporais terão de ser feitas a partir do valor fixado em R$ 70 a preços de agosto de 2010, data de referência das informações de rendimento do Censo Demográfico, devidamente ajustado pela evolução dos preços.

Para fins de diagnóstico, acompanhamento e desenho de políticas, o uso de linhas de pobreza diferenciadas deverá prosseguir, pois já se tornou tecnicamente consensual no Brasil. Na verdade, seria um desperdício adotar um valor arbitrário quando estão disponíveis informações estatísticas para o estabelecimento de um conjunto de linhas localmente específicas. Para o estabelecimento dos valores, existe uma metodologia consagrada em suas linhas gerais. O que diferencia os valores finais obtidos são as escolhas específicas por parte do analista em cada etapa. Embora os indicadores de pobreza que decorrem de diferentes conjuntos de linhas não sejam comparáveis entre si, os resultados para cada conjunto de linhas são comparáveis em *cross-section* e ao longo do tempo.

Como exemplo, apresento na Tabela 5 o valor das linhas de extrema pobreza, correspondendo à estimativa de custo da cesta alimentar básica por pessoa-mês em setembro de 2009, que foram estabelecidas para comparação com os dados de rendimento da PNAD 2009. A série completa de valores dessas linhas remonta a 1985, assim como os resultados em termos de indicadores de pobreza por unidade da federação, distinguindo áreas urbanas, rurais e metropolitanas de cada uma delas.

A respeito desses valores, em comparação com os da linha oficial de R$ 70, cabe observar que, em 2009, apenas em algumas metrópoles — São Paulo, Rio de Janeiro, Salvador, Recife —, além de Brasília e a área urbana do estado de São Paulo, os valores das linhas de extrema pobreza diferenciadas situar-se-iam em agosto de 2010 acima do valor oficial. Nas demais áreas, o valor é mais baixo, sendo que o mínimo era o da Norte Rural (R$ 42,8 a preços de setembro de 2009). Isto significa que a linha única teria sido estabelecida próxima ao valor estimado para as áreas onde o custo de vida dos pobres é mais elevado, superestimando o custo de vida particularmente nas áreas rurais.

As implicações em termos da estimativa do número de pobres por áreas são óbvias. Caso fosse utilizada a mesma base de dados para rendimento das famílias, a incidência da pobreza extrema com base na linha oficial seria mais elevada do que aquela que resulta das linhas de pobreza diferenciadas, especialmente nas áreas rurais, onde o valor entre a linha oficial é muito maior em relação ao das linhas estabelecidas com base no consumo observado. A Tabela 6 dá uma ideia geral das diferenças.

Ao fixar um valor único para a linha oficial, o governo optou por superestimar a população em condição de pobreza extrema, público-alvo prioritário do Bolsa Família e do novo plano Brasil Sem Miséria. A esse respeito cabem duas observações à guisa de conclusão.

TABELA 5

Regiões e estratos	Linhas de extrema pobreza*
Norte	
Belém	65,9
Urbano	64,9
Rural	42,8
Nordeste	
Fortaleza	61,5
Recife	79,3
Salvador	74,7
Urbano	54,2
Rural	47,1
Minas Gerais/Espírito Santo	
Belo Horizonte	66,9
Urbano	57,7
Rural	46,2
Rio de Janeiro	
Metrópole	83,1
Urbano	60,3
Rural	47,6
São Paulo	
Metrópole	86,3
Urbano	70,5
Rural	55,4
Sul	
Curitiba	60,8
Porto Alegre	67,1
Urbano	57,8
Rural	45,6
Centro-Oeste	
Brasília	70,0
Urbano	60,4
Rural	45,5

* Reais de setembro de 2009.
FONTE: Rocha, 2010.

TABELA 6
ESTIMATIVAS DE POBREZA EXTREMA
(% DE PROPORÇÃO DE POBRES)

	Rocha (setembro 2009)	MDS/IBGE (agosto 2010)
Brasil	5,1	8,5
Urbano	4,4	5,4
Rural	9,9	25,5
Norte	7	16,8
Nordeste	9,6	18,1
Sudeste	3,1	3,4
Sul	2,3	2,6
Centro-Oeste	3,5	4

A primeira concerne ao uso dos dados preliminares do Censo Demográfico para estimativa do número e da proporção de pobres. Estes dados de rendimento são reconhecidamente precários, trazendo um grau de imprecisão elevado às estimativas. Neste sentido é provável que estimativas realizadas no futuro com base nos resultados definitivos não só apresentem dados mais favoráveis, como uma espacialização diferente. Vale lembrar que, de qualquer modo, os dados de rendimento da PNAD e do Censo Demográfico não são compatíveis, tendo necessariamente usos complementares quando se trata de obter resultados em nível municipal.

A segunda observação diz respeito à meta de fim da pobreza extrema. Provavelmente os dados definitivos do Censo, como a PNAD já fazia, vão revelar um número importante de famílias em pobreza extrema tanto já atendidas pelo BF, como também elegíveis não atendidas. Esta resiliência da pobreza, pelo menos quando medida pela renda, é inevitável, já que a renda tende a ser irregular ao longo do tempo. A boa notícia é que a linha de pobreza oficial permite acompanhar e proteger de forma mais adequada e permanente a população mais vulnerável, não só por meio de transferências de renda, mas através da garantia de acesso a serviços sociais básicos e à assistência social prioritária.

REFERÊNCIAS BIBLIOGRÁFICAS

ALBUQUERQUE, Roberto C. *Desempenho e estrutura sociais (1970-2010)*. Texto inédito, 2011.

BARROS, R. P.; CARVALHO, M.; FRANCO, S.; MENDONÇA, R. Markets, the State, and the Dynamics of Inequality in Brazil. In LOPEZ-CALVA, Luis Felipe e LUSTIG, Nora (orgs.): *The New Dynamics of Inequality in Latin America*, Washington D.C., 2010, p.134-174.

HICKS, Norman; STREETEN, Paul. *Indicators of Development: the Search for a Basic Needs Yardstick*, World Development, 7(4/5): 567-80, 1979.

GIAMBIAGI, Fabio. *Brasil: raízes do atraso*. Rio de Janeiro: Elsevier, 2007.

HOFFMANN, Rodolfo. *Desigualdade da distribuição de renda no Brasil: a contribuição de aposentadorias e pensões e de outras parcelas do rendimento domiciliar per capita*. Texto inédito, Unicamp, 2009.

IBGE. *Pesquisa de orçamentos familiares 2008-2009. Antropometria e estado nutricional de crianças, adolescentes e adultos no Brasil*. Rio de Janeiro: IBGE, 2010.

_____. *Evolução e perspectivas da mortalidade infantil no Brasil*. Rio de Janeiro: IBGE, 1991.

_____, *Censo Demográfico*, diversos anos.

IETS. http://www.iets.org.br

IPEADATA. http://www.ipeadata.gov.br

LANGONI, C. *Distribuição de renda e desenvolvimento econômico*. Rio de Janeiro: Expressão e Cultura, 1973.

MDS. *Demonstrativo físico-financeiro acumulado do Programa Bolsa Família e remanescentes*. Brasília, diversos anos.

MPS. *Anuário Estatístico da Previdência Social*. Brasília, diversos anos.

MONTEIRO, Carlos, et al. Evolução da desnutrição infantil: descrição e determinantes (1996-2007). In *Revista de Saúde Pública*, 2009, 43 (1): 35-43.

MORRIS, M. D.; LISER, F. B. *The PQLI: Measuring the Progress in Meeting Human Needs*. Washington, D.C.: Overseas Development Council, 1977 (Communiqué On Development Issues, n. 32).

RAMOS, L. Desigualdade de rendimentos do trabalho no Brasil, de 1995-2005. In BARROS, FOGUEL e ULYSSEA (orgs.). *Desigualdade de renda no Brasil: Uma análise da queda recente*. Brasília, Ipea, 2006, v. 2, p. 267-284.

RIBAS, Rafael P.; MACHADO, Ana Flávia. *Distinguishing Transient Poverty from Chronic Poverty in Brazil: Developing a Model for Pseudo-Panel Data*. IPC, Working paper n. 36, abril 2007.

ROCHA, Sonia. *Mortalidade infantil como variável para diagnóstico e desenho de política antipobreza*. In *Economia e Sociedade*, Campinas, v. 15, n. 1(26), p. 113-144, jan./jun. 2006.

_____. Transferências de renda focalizadas nos pobres — O BPC *versus* o Bolsa Família. In *Sinais Sociais*, Rio de Janeiro, 3(8), set. dez. 2008, p. 150-186.

_____, Albuquerque, Roberto Cavalcanti. Como gerar oportunidades para os pobres? In Velloso, João Paulo dos Reis (org.). *Na crise global, as oportunidades do Brasil*. Rio de Janeiro: José Olympio, 2009.

_____. *Desigualdade de renda no Brasil. Tendências recentes e perspectivas*. Relatório para o Banco Mundial, dezembro 2010.

Silber, Jacques. ELL (The Equivalent Length of Life) or another attempt at measuring development. *World Development*, 11(1): 21-9, January 1983.

Soares, Sergei. *Distribuição de renda entre 1995 e 2009*. Brasília: Ipea, Comunicado Ipea, n. 63, 2010.

Wajnman, S.; Turra, C. M.; Agostinho, C. S. Estrutura domiciliar e distribuição de renda no Brasil. In Barros, Foguel, Ulyssea (orgs.). *Desigualdade de renda no Brasil: uma análise da queda recente*. Brasília: Ipea, 2006, p. 423-442.

O Fórum Nacional e a questão da habitação popular

*Cônego Manuel de Oliveira Manangão**

* Vigário episcopal do Vicariato para Caridade Social da Arquidiocese de São Sebastião do Rio de Janeiro.

O XXIII Fórum Nacional teve como tema básico: "Visão de Brasil desenvolvido, para participar da competição do século" (China, Índia e Brasil) e "A busca da felicidade o sentido da vida". E no V Painel abordou o tema: "Oportunidades sociais para entrar na rota dos desenvolvidos", em que se fez uma avaliação de uma série de propostas apresentadas no Fórum anterior em relação à realidade da moradia e qualidade de vida das várias comunidades de favelas de nossa cidade. Foi feita a apresentação pelos vários níveis de governo das propostas a que seriam realizadas e a avaliação dos impactos nas várias comunidades.

No entanto, uma coisa fica visível. Lidamos com um problema que se arrasta há muito tempo, ao menos desde o século XIX. Com intervenções pontuais e descontinuadas, os problemas apenas foram se agravando, e hoje se faz necessária urgência na busca por solução por serem graves as implicações na vida da população. Na solução, são vários os atores e setores implicados: políticos, econômicos, sociais (saúde, habitação, transporte etc.). A Igreja, também, se sente atraída a participar do processo de discussão por estarem envolvidas questões de justiça, ao menos de justiça social.

Se a cidade vive intensa atividade imobiliária com a consequente valorização do solo urbano, e isto até mesmo dentro das comunidades de favela, também é verdade que a relação do Estado com estas comunidades tem sido de há muito tempo, e muitas vezes, uma política clientelista. Parece o velho provérbio: "Vocês fingem que são atendidos e nós fingimos que atendemos." E diante do primeiro problema, a velha solução: remover a favela. No fundo, apenas a velha estratégia doméstica de varrer a poeira para baixo do tapete, afinal o coração não sente o que os olhos não veem. Mas não percebemos como sociedade que apenas estamos refavelizando outras áreas sem o devido ordenamento de estruturas sociais que deviam ser prioridade em qualquer planejamento urbano envolvendo todos os setores da sociedade organizada. Os círculos vão se repetindo: favela > "conjunto habitacional" > déficit habitacional > habitação popular > morador por conta própria (cada um por si) > favela.

As pessoas chegam à cidade, fruto das migrações em busca da realização do sonho de uma vida melhor, e encontram uma realidade perversa em que são tratadas: ou como um mundo exótico ou folclórico ou caso de polícia.

A cidade com todas as suas forças produtivas, em todos os sentidos, tem que se preparar para receber os que a ela chegam em busca de um mundo melhor. A Igreja viveu e ainda vive este grande sonho. Dos primórdios com dom Helder e a Cruzada de São Sebastião como esforço de uma iniciativa de moradia popular em um conjunto habitacional até a Pastoral das favelas, passando pelo Banco da Providência e demais Pastorais Sociais.

Como Igreja, sempre vamos nos colocar ao lado daqueles que vão vivendo como se verdadeiro rolo compressor os apertasse por todos os lados. Questões como: onde morar ou como morar? Sempre vão fazer parte da discussão do direito de morar e do tipo de moradia necessária para as pessoas. E também farão parte das preocupações da Igreja.

É um verdadeiro paradoxo a realidade habitacional: real necessidade de moradia e ao mesmo tempo certa incapacidade do Estado de gerar moradia no mesmo movimento dinâmico das necessidades da aglomeração urbana. Mas temos que, juntos, encontrar soluções que possam tornar a vida nas cidades dignas para todas e cada pessoa.

É preciso pensar a vida das pessoas no seu conjunto. Não podemos continuar com certa lógica perversa existente há um século que é a separação entre moradia/habitação e os outros elementos da vida. Afinal, como já cantamos na música popular: o ser humano não quer só casa, mas também: emprego, saúde, escola, lazer etc. E o quanto possível tudo bem próximo para que a qualidade de vida seja mais real.

É necessário um processo de articulação, e isto já tem aparecido na realização de cada etapa destes Fóruns com a apresentação de propostas por parte de tantas instituições do variado universo de nossa cidade. Mas ainda precisamos de um eixo articulador que possa levar cada ator social a se integrar em um movimento proativo para a reconstrução da cidade. Creio que diante dos sonhos de todos nós só podemos dizer: é necessário por mãos à obra!

Bases preliminares para um plano de desenvolvimento visando à inclusão social em 20 comunidades (favelas e periferias metropolitanas) do Rio de Janeiro

Marilia Pastuk* e Paulo Magalhães**

* Socióloga, com mestrado em Educação e Sociologia e doutorado em Ciências (Políticas Públicas Sociais). Da Ação Comunitária do Brasil (Rio de Janeiro).
** Sociólogo, com mestrado em Antropologia Social e doutorado em Sociologia.

CONSIDERAÇÃO INICIAL

O Rio de Janeiro estará realizando investimentos significativos para abrigar dois eventos desportivos da maior importância: a Copa do Mundo, em 2014, e as Olimpíadas, em 2016. Importa que tais investimentos deverão beneficiar igualmente e, de forma permanente, a RMRJ como um todo, contribuindo, inclusive, para a melhoria da qualidade de vida de populações de mais baixa renda inseridas nessa região, em áreas faveladas e periféricas.

Justificativa

O problema da desigualdade social é decisivo na sociedade brasileira, que, historicamente, tem apresentado indicadores preocupantes no que diz respeito, sobretudo, à distribuição de renda e inclusão social. Dentre outros, programas de transferência de renda, adotados desde os anos 1990, têm atenuado essa situação, que continua sobremaneira crítica. Nesse sentido, faz-se urgente pensar em planos de desenvolvimento que visem à inclusão social de populações de mais baixa renda no país, permitindo que essas populações sejam integradas à sociedade de forma não subordinada.

Tais planos são fundamentais em contextos como o Rio de Janeiro, onde o "problema da violência" tem sido associado, de forma equivocada, ao "problema das favelas", que apresentam singularidades diversas. E muito mais soluções do que problemas, quando percebido o potencial que seus moradores traduzem com *estratégias de sobrevivência, talentos, vocações e criatividades próprias*.

Frente ao exposto, justifica-se a concepção/execução do *plano* ora proposto, que poderá servir de referencial para a realização de outros de natureza similar, orientados igualmente pelo paradigma da promoção e defesa dos direitos de cidadania.

O objetivo fundamental é que a execução do plano de desenvolvimento mude a vida das favelas e periferias metropolitanas.

EIXOS

Visão metropolitana

Apesar da ausência de uma institucionalidade metropolitana, as políticas, programas e projetos devem estar orientados por uma visão dessa natureza. Sendo assim, a questão da *mobilidade urbana* ocupa lugar central, sendo imprescindível o desenho conjunto de um Programa de Transporte Urbano (com ênfase em trem, metrô, veículo leve sobre trilhos etc.), articulado com a provisão da *habitação social* e do *saneamento*.

Para a habitação social, pode-se utilizar um conjunto de estratégias capazes de viabilizar a ocupação dos espaços vazios, ocupação de imóveis urbanos não utilizados, principalmente unidades fabris desativadas e mesmo a criação de minibairros pluriclassistas em áreas disponíveis ao longo das ferrovias, vias e estradas. Vale ressaltar que a provisão dessa habitação deve ser entendida no seu sentido amplo, comportando o conjunto de bens e serviços capazes de viabilizar a vida no meio urbano.

Ao lado da provisão de novas habitações, por meio desse plano deve-se apoiar/dar continuidade e ampliar as ações de urbanização de favelas realizadas. Sobre este aspecto, vale considerar que o Rio de Janeiro tem expressivo conhecimento sobre processos de urbanização de favelas desde as iniciativas de urbanização promovidas pela Codesco nos anos 1960, passando pelas Políticas de Apoio ao Mutirão, a emergência inovadora do Programa Favela Bairro e aos PACs, até mesmo a expectativa frente ao Programa Morar Carioca, recentemente lançado pela prefeitura do Rio.

Faz-se necessário, de fato, apoiar a universalização de processos de urbanização, atingindo todas as favelas, com a *garantia da regulariza-*

ção *fundiária, mas com a participação qualificada e diferenciada de atores locais capaz de fazer emergir seus interesses e vontades.* Ao mesmo tempo, devem ser realizados esforços para ampliar o grau de democracia interna, para que tais vontades e interesses possam efetivamente emergir. Este Plano pretende contribuir nesse sentido.

PLANOS DE DESENVOLVIMENTO LOCAIS

Elaboração de Planos de Desenvolvimento Locais para cada uma das comunidades envolvidas (20) com base nas singularidades territoriais identificadas. Planos esses resultantes de processos participativos, da incorporação dos projetos locais existentes e articulados com potencialidades econômicas da cidade.

Propostas, descrição e análise dos fatores de viabilidade e sustentabilidade deles.

Com relação à Segurança Pública e enfrentamento do tráfico de drogas:

- Apoio à manutenção e ampliação das UPPs.
- Ajuda à promoção do diálogo das UPPs com as comunidades.
- Aprimoramento dessas Unidades resultante do diálogo UPP/ comunidade.

Com relação à inclusão socioprodutiva:

- Diagnóstico do contexto local, contemplando as principais vocações.
- Apoio às iniciativas econômicas locais (economia popular).
- Apoio e incentivo a formas associativas de produção (economia solidária).
- Incremento às potencialidades econômicas existentes, inclusive as turísticas.
- Acesso ao crédito e à assessoria técnica especializada.

- Acesso à educação e qualificação (com ênfase no ensino profissional e técnico) de *qualidade*.
- Acesso a tecnologias de informação e comunicações.

A EDUCAÇÃO TRANSFORMA

Com relação à promoção da cultura e do esporte:

- Apoio/ampliação de iniciativas locais.
- Incentivo à implantação local de iniciativas dessa natureza.

A CULTURA TRANSFORMA

ARTICULAÇÃO DAS AÇÕES GOVERNAMENTAIS, PRIVADAS E NÃO GOVERNAMENTAIS

- Articulação entre as ações governamentais, privadas e não governamentais com o Plano de Desenvolvimento da Localidade.
- Apoio às chamadas UPPs sociais.

POSSIBILIDADE DE FINANCIAMENTO

- Governos federal, estadual e municipal (inclusive recursos destinados à infraestrutura da Copa do Mundo e dos Jogos Olímpicos), dos Ministérios e Secretarias envolvidos.
- Caixa, BB e BNDES, BID e Banco Mundial.
- Institutos e fundações (Vale, Finep, Firjan).
- Iniciativa privada.
- Mercado de capitais: fundos imobiliários, Cepacs (Certificado de Potencial Adicional de Construção) e outros instrumentos.

- Grupo executivo já em funcionamento: governo municipal, governo estadual, Arcebispado, Firjan (e outras instituições).
- Entidades comunitárias já engajadas na implementação dos Projetos de Integração Social de Comunidades (12 favelas).
- Entidades ligadas ao complexo industrial imobiliário: Ademi, Sinduscon, IAB, Sindicatos de Hotéis e Pousadas etc.
- Organizações Não Governamentais.
- Universidades e centros de pesquisa e formação.
- Organizações governamentais.
- Institutos e fundações.
- Cooperação internacional.

Participação das comunidades

- Participação do conjunto de entidades de favelas e periferias envolvidas, por meio das suas múltiplas expressões institucionais e políticas.
- Participação das lideranças e outras referências locais no processo.
- Participação qualificada de favelas e periferias na elaboração e na implementação do Plano.

SÍNTESE

Elaboração de planos de desenvolvimento para a inclusão social, a partir de vontades, interesses e perspectivas de principais referências comunitárias das favelas e periferias envolvidas. Simultaneamente, apoio, consolidação, ampliação e articulação de iniciativas realizadas, em execução e planejadas com inovação, participação e controle social.

Contribuição para o desenho de políticas públicas, a promoção da justiça social e a consolidação do processo democrático.

SEGURANÇA, COM PRIORIDADE E URGÊNCIA (NÃO MAIS O "CRIME SEM CASTIGO"). INTEGRAÇÃO DE GOVERNO FEDERAL, ESTADUAL E MUNICIPAL

Estratégia nacional de Segurança Pública: o papel das Forças Armadas

*Nelson Jobim**

---

* Ministro da Defesa.

MEUS CAROS AMIGOS, a discussão que me cabe examinar diz respeito ao papel das Forças Armadas na Segurança Pública.

Comento, de início, as expressões *"prioridade"*, *"urgência"* e *"não mais 'crime sem castigo'"*.

Os termos empregados denotam o agudo anseio de que os índices de violência e impunidade sejam reduzidos no menor espaço de tempo possível. Todos os cidadãos compartilham desse anseio. No entanto, depois de mais de três décadas como servidor público, não tenho mais tempo para ilusionismos.

O Brasil tem pressa, e precisamos ser diretos. Falar a verdade, ainda que esta não nos seja agradável. Nunca devemos nos esquecer da lição, algo acaciana, de que sempre existe uma resposta simples, fácil e *errada* para problemas complexos e de difícil solução.

O problema complexo e de difícil solução a que me refiro é, evidentemente, o da Segurança Pública.

O emprego sistemático das Forças Armadas na Segurança Pública — garantia da lei e ordem, nos termos da Constituição — não foi, não é nem será solução para a questão da violência e da impunidade.

Enfoco cinco temas — com especial atenção à realidade da segurança no Rio de Janeiro. Vamos ao primeiro:

HISTÓRICO DO PAPEL DAS FORÇAS ARMADAS DEFINIDO PELAS CONSTITUIÇÕES FEDERAIS

Faço, antes disso, breve digressão sobre o contexto em que surgem as Forças Armadas na América do Sul.

As Forças Armadas nacionais sul-americanas nascem em contexto histórico completamente distinto daquele que presidiu a formação das europeias.

Sustenta Miguel Angel Centeno, guardadas as especificidades de cada caso, que a lógica de concentração de poder, que balizou a formação dos Estados nacionais da Europa ocidental, não se reproduziu na América do Sul.

Aqui a lógica, no período pós-independência, foi a de difusão do poder.

Consubstanciou-se no papel exercido pelas lideranças locais nos territórios que viriam a dar origem aos Estados sul-americanos.

Foi justamente essa lógica de difusão de poder a responsável pelo papel extremamente problemático desempenhado pelas Forças Armadas dos países sul-americanos, no pós-independência.

Ao impulso centrífugo gerado pela fragmentação das elites locais somou-se a imensa massa territorial dos Estados sul-americanos. Isso contribuiu, decisivamente, para dificultar a tarefa de extensão do controle administrativo e coercitivo dos Estados da região à totalidade de seus territórios.

A fragmentação das elites dirigentes sul-americanas contribuiu para a maior ocorrência de guerras civis em comparação às guerras interestatais, mesmo durante o período de consolidação das fronteiras nacionais. Esse fato, aliado à tibieza da capacidade estatal de sustentar esforços bélicos prolongados, foi responsável pelo fortalecimento do viés de intervenção doméstica das Forças Armadas do subcontinente.

A ausência de um forte sentimento nacional no alvorecer dos Estados sul-americanos também contribuiu para que fosse precária a inserção dos Exércitos nas suas respectivas sociedades.

Em certo sentido, os Exércitos nacionais recém-criados não assumiram a defesa do conceito de nação como princípio central de sua missão. Ao invés disso, em face da fluidez da ideia de nação, os Exércitos sul-americanos assumiram para si a noção de que representavam mais do que um pilar da nacionalidade.

Eles próprios viam-se como a encarnação fundamental do Estado. Essa visão lhes conferiria um direito inato a gerir muito mais do que os labores castrenses *stricto sensu*.

Não é à toa que, assim como no caso brasileiro, as Guardas Nacionais, representantes dos poderes locais, foram muito mais relevantes para os países da região do que os Exércitos durante a maior parte do século XIX.

Os Exércitos nacionais sul-americanos enfrentaram, portanto, múltiplos desafios no período de consolidação dos Estados da região:

1. a tibieza do Estado que lhes dá origem;
2. a ausência de sólido sentimento nacional prévio;
3. a fragmentação de poder que favorecia as instituições coercitivas locais em detrimento das nacionais;
4. a desconfiança das autoridades políticas que viam nos Exércitos nacionais instâncias de potencial perturbação dos equilíbrios de poder estabelecidos; e
5. a imensa extensão territorial que dificultava as tarefas de defesa.

No caso brasileiro, a guerra da Tríplice Aliança contra o Paraguai, constituiu elemento fundamental de afirmação das Forças Armadas, em especial do Exército. Além das exigências em termos de material, recursos humanos e logística, o conflito do cone sul foi instrumental para fortalecer, politicamente, o Exército.

Acelerou o processo de afirmação institucional dessa força que, ao longo dos próximos cem anos, desempenhou papel de relevo na política nacional.

Não é sem razão que a missão constitucional das Forças Armadas obedece aos cambiantes equilíbrios de poder relacionados à inserção dos militares na sociedade brasileira.

No Império, pela Constituição de 1824, as forças militares apresentam caráter provisório.

Não estavam organizadas de modo permanente.

A subordinação dava-se em relação ao Poder Executivo e não diretamente ao imperador — detentor do Poder Moderador.

Eram classificadas como *"essencialmente obedientes"* ao poder político da nação.

Na República o quadro se modifica.

A Constituição de 1891 reflete o papel desempenhado pelo Exército na proclamação da República.

A definição do papel das Forças Armadas aparece nas disposições preliminares, antes mesmo da definição da organização do Estado. São definidas como instituições nacionais permanentes, pretendendo representar elemento unificador da nação.

A obediência aos seus superiores hierárquicos é condicional: *"dentro dos limites da lei"*. A definição desses limites caberia ao próprio estamento militar. Não está claro quem são os "superiores hierárquicos". Poderiam ser, e foram, os próprios chefes militares.

Tal problema é potencializado pelo fato de serem as Forças Armadas também responsáveis pela *"manutenção das leis no interior"*.

Esse quadro perdurou, para mais ou para menos, nas Constituições posteriores. Só a Constituição de 1988 acabou com a condicionalidade da subordinação ao presidente da República.

Manteve-se a destinação externa: defesa da pátria.

Modificaram-se as ações internas.

Manteve-se a garantia dos poderes constitucionais.

No entanto, a *garantia da lei e da ordem* passa a depender do acionamento de qualquer dos três poderes.

Vamos ao segundo tema:

A SITUAÇÃO DO RIO DE JANEIRO DESDE A TRANSFERÊNCIA DA CAPITAL FEDERAL

Reconheçamos que os últimos 50 anos foram especialmente ingratos com o Rio de Janeiro. Vejamos alguns acontecimentos que tiveram impacto negativo.

O mais óbvio de todos foi a transferência da capital federal, em 1960, sem que tenham ocorrido compensações relevantes para o estado da Guanabara. Foi quando começou o esvaziamento e a decadência que se seguiriam nas décadas subsequentes.

Outro evento controvertido ocorreu quando da fusão, arbitrariamente decidida pelo governo Geisel, em 1975, dos estados da Guanabara e do Rio de Janeiro. Juntava-se, naquele instante, o estado mais cosmopolita e um dos mais avançados do país (Guanabara), com um, à época, dos mais retrógrados (Rio de Janeiro).

Estava constituído o palco para a consolidação do populismo, centro de gravidade da política do novo estado do Rio de Janeiro que com o processo de redemocratização, o populismo volta a instalar-se a partir de 1982.

É nesse momento que o processo de decadência econômica e de ostracismo político do estado se acentua. Data também daí, a permissividade em relação à ocupação caótica do espaço urbano e a leniência no combate ao crime.

Examino, agora, a terceira questão:

A EXCEPCIONALIDADE DA SEGURANÇA PÚBLICA NO RIO DE JANEIRO

Os fatores enunciados levaram ao agravamento cada vez maior da Segurança Pública, e culminou na *territorialização do poder* paralelo do narcotráfico nas favelas cariocas, seguida do fenômeno, igualmente perverso, das milícias.

A trajetória de decadência mudaria a partir da conjunção de alguns fatores:

1. o alinhamento político do estado com o governo federal em meados da década passada;
2. o *boom* do petróleo;
3. a implementação de uma política de Segurança Pública mais consistente[1]; e

---

[1] Em que se destaca a iniciativa das UPPs.

4. a retomada do crescimento econômico em bases sustentáveis no Plano Nacional.

Há ainda as perspectivas positivas geradas pelos megaeventos que o Rio sediará: A Copa do Mundo (2014) e as Olimpíadas (2016).

Os dois elementos mais salientes do problema da segurança têm a ver:

1. com a territorialização do tráfico de drogas; e
2. com a contaminação das instituições policiais e políticas pelo crime organizado.

O último fenômeno não é exclusividade do Rio de Janeiro, embora aqui possa ser mais agudo.

Já a *territorialização* pode ser considerada uma *"inovação"* carioca particularmente deletéria. Ambos são problemas não estanques.

Pelo contrário, há um processo de retroalimentação que os tornam ainda mais graves.

A *territorialização* do tráfico de drogas, que gerou cenas de guerrilha urbana, ocorre em face da topografia acidentada de muitos dos morros cariocas. Isso permite a criação de áreas de homizio da marginalidade nos labirintos das comunidades desfavorecidas. Esse fenômeno é amplificado pela corrupção, que desmoraliza as instituições responsáveis pela Segurança Pública e fomenta vínculos espúrios entre bandidos e policiais. Isso fica patente no contexto da ascensão das milícias — que substituem o terror imposto pelo tráfico de drogas pelo terror imposto por forças paraestatais criminosas.

Há outras questões que tornam mais complexa a situação da Segurança Pública no Rio, mas não são exclusivas deste estado:

1. escalas de trabalho irracionais, que fazem com que o contingente de policiais operativos mantenha-se ao redor de 25% do efetivo total;[2]

---

[2] Essas escalas ocorrem em face da necessidade de complementação salarial decorrente dos baixíssimos salários — o chamado "bico".

2. falta de integração entre as polícias gera conflitos de competência e sensível diminuição da eficiência da ação policial.

Todo esse quadro começa a mudar para melhor a partir do governo Sérgio Cabral. É nesse sentido que tratarei das UPPs e seu significado.

Antes de mais nada, devemos admitir que as UPPs não significam o fim do tráfico de drogas. É o fim do tráfico de drogas de estilo medieval.

As UPPs conduzirão à extinção dos exércitos de jovens traficantes armados com fuzis de assalto, metralhadoras e granadas que defendem os bastiões de venda de entorpecentes nos dias de hoje.

Do ponto de vista da paz social, as UPPs representam um avanço significativo.

O Rio de Janeiro vai assistir — creio que já esteja assistindo — a uma diminuição de ações criminosas espetaculares e a um aumento da segurança nas comunidades abrangidas por semelhantes unidades pacificadoras.

As UPPs representam a esperança de dias melhores, mas não uma solução mágica. Sem que os problemas estruturais que afligem as polícias do Rio de Janeiro sejam enfrentados frontalmente, não teremos, a longo prazo, garantias de sucesso permanente.

Vamos ao quarto tema:

ELEMENTOS ESSENCIAIS DO ARCABOUÇO LEGAL QUE ENQUADRA A PARTICIPAÇÃO DAS FORÇAS ARMADAS NA GARANTIA DA LEI E DA ORDEM

A Constituição de 1988 e a Lei Complementar nº 97, de 1999, com as alterações de 2004 e 2010 (L.C. nº 117 e L.C. nº 136) estabelecem, de modo claro, as atribuições centrais das Forças Armadas.

No plano externo:

- a defesa da pátria; e
- a participação em operações de paz.

No plano interno:

- garantia dos poderes constitucionais;
- garantias da lei e da ordem; e
- atribuições subsidiárias.

Quanto à GLO, a participação dar-se-á *"após esgotados os instrumentos destinados à preservação da ordem pública e da incolumidade das pessoas e do patrimônio, relacionados no art. 144 da Constituição Federal"*.
Tais esgotamentos de meios deverão ser

"formalmente reconhecidos pelo respectivo chefe do poder executivo federal ou estadual como indisponíveis, inexistentes ou insuficientes ao desempenho regular de sua missão constitucional".

Vamos ao último tema:

RELAÇÕES ENTRE DEFESA E SEGURANÇA PÚBLICA DO PONTO DE VISTA POLÍTICO

Há em nosso país um entendimento bastante elástico sobre a razão de ser das instituições castrenses.

Historicamente, a Força Armada foi reiteradas vezes utilizada como mecanismo de intervenção em questões internas. A paulatina consolidação do Estado nacional vestfaliano, contudo, gerou impulso no sentido da diferenciação entre as forças que se ocupavam:

1. da manutenção da ordem interna (as polícias em suas variadas vertentes); e
2. aquelas destinadas a garantir a soberania nacional frente a inimigos externos (Exércitos).

Na América Latina, os Exércitos assumiram um claro viés de intervenção em assuntos domésticos — seja na política, na economia ou na segurança interna. Em grande medida, essas intervenções ocorreram em face da tibieza do Estado.

A capacidade logística das Forças Armadas foi utilizada, não raro com o concurso das elites civis, no provimento de serviços não necessariamente identificados com as tarefas de defesa *stricto sensu*. Esse é o caso do Brasil pós-1870.

Tem-se, hoje, a seguinte visão das Forças Armadas:

- como instrumentos de combate às desigualdades sociais;
- como garantia da Segurança Pública;
- como combate a crimes transnacionais;
- como desenvolvimento industrial;
- como auxílio em catástrofes naturais;
- entre outros.

Isto denota um *status quo* setorial relacionado, de forma inequívoca, com a realidade de país em desenvolvimento.

A diferenciação e a especialização funcionais, características das instituições contemporâneas, parecem constituir tendência irreversível nas sociedades afluentes — pelo simples fato de a complexidade social e tecnológica ser cada vez maior.

Por isso, somos obrigados a admitir que o arranjo que enquadra a defesa nacional brasileira deverá sofrer profundas modificações no futuro.

Isso ocorrerá em vista de duas tendências muito claras:

1. a necessidade de o Estado brasileiro prover mais e melhores serviços ao conjunto da cidadania;[3]
2. o aumento do peso relativo do Brasil no sistema internacional.[4]

---

[3] O que inevitavelmente se refletirá na impossibilidade de manter estruturas improvisadas ou que tratem das questões de modo apenas subsidiário — algo que se aplica à intervenção das Forças Armadas na garantia da lei e da ordem.

[4] Tal aumento conduzirá, mais cedo ou mais tarde, à impossibilidade de o país manter-se alheio aos desdobramentos emanados dos arranjos globais no campo da segurança internacional.

O Brasil terá mais peso no mundo e o mundo terá mais influência sobre o Brasil. Não será possível mantermos Forças Armadas tão débeis do ponto de vista de suas capacidades de defesa como as que temos no presente.

Em síntese, vislumbro para o futuro que as Forças Armadas terão atribuições cada vez mais intensas no plano da defesa e cada vez menos intensas no plano da segurança — em especial da Segurança Pública.

Acredito que pensar diferentemente significaria admitir a possibilidade de o Brasil ser incapaz de reformar suas instituições policiais e judiciárias.

Penso aqui, especificamente, nas polícias estaduais. Elas, sem uma profunda reforma, representarão permanente problema para a consecução de uma política de Segurança Pública sustentável e eficiente.

Nossas Forças, por missão constitucional e patriotismo, jamais se furtarão a proteger a sociedade em situações extremas.

Contudo, a ditadura do curto prazo e as injunções da sobrevivência política não podem nos cegar.

Termino com o que disse no início:

O emprego sistemático das Forças Armadas na Segurança Pública não foi, não é nem será solução para a violência e a impunidade.

A política de Segurança Pública: eixos centrais

*José Eduardo Cardozo**

* Ministro da Justiça.

UMA INTERVENÇÃO CONSISTENTE no plano de política de Segurança Pública passa, a meu juízo, pelo atendimento a alguns eixos centrais que naturalmente a norteiam. Gostaria de debater sobre os sete eixos de intervenção.

O primeiro refere-se à questão da integração; o segundo, à informação, gestão e planejamento das atividades de segurança; o terceiro, à superação do sentimento de impunidade social; o quarto, ao combate à corrupção no aparelho repressivo do Estado; o quinto, à formação e valorização profissional do corpo policial; o sexto, ao desenvolvimento de políticas sociais e de defesa da cidadania e o sétimo, à adequação do sistema prisional. Esses sete pontos de intervenção, a meu ver, são de tratamento indispensável para a formulação de uma política de Segurança Pública que se faça consistente e, claro, eficaz.

Primeiro, a integração. Num Estado federativo como o nosso, e com as características da administração pública brasileira, ousaria dizer que nenhuma política de Segurança Pública será bem desenvolvida sem que se consiga integração, que passa por três perspectivas diferentes. A primeira delas seria uma integração dos órgãos que devem atuar em Segurança Pública no próprio ente federativo, ou seja, se entendermos por Segurança Pública uma política ampla, passa necessariamente por uma integração sistêmica no próprio ente federativo. Por exemplo, dificilmente um estado atuará bem no campo da Segurança Pública se a Polícia Civil deste estado não mantiver uma intrínseca articulação com a Polícia Militar. A desagregação, a ausência de atuação conjunta e, às vezes, a presença de conflitos entre essas corporações leva inevitavelmente à ineficácia da política de segurança. Além disso, a integração desses corpos estaduais com o aparato judicial do estado, particularmente o Ministério Público e o Poder Judiciário, é necessária para o posicionamento adequado das políticas nessa área.

Também na esfera federal há vários órgãos que devem atuar no plano da Segurança Pública e, nem sempre, se entendem como deveriam. Por exemplo, no próprio Ministério da Justiça há a Polícia Federal e a Polícia Rodoviária Federal, que nem sempre agem de forma articulada. Do mesmo modo, as Forças Armadas desempenham atividades muito importantes no campo da Segurança Pública, sem, no entanto, haver uma articulação com os órgãos do Ministério da Justiça. Esta razão tem nos levado — ministro Nelson Jobim e eu — a estar permanentemente em reuniões na busca dessa integração, especialmente no campo da política de fiscalização de fronteiras.

É necessária uma articulação dentro do próprio âmbito federativo sem a qual esta integração não será possível. Mas não basta integração dentro do âmbito federativo a que se faz referência, faz-se indispensável uma integração federativa, ou seja, em que os órgãos estaduais atuem de forma articulada com os órgãos federais e também com os municipais que possam atuar no plano da segurança. Por exemplo, é imprescindível que as polícias estaduais tenham uma relação com a Polícia Federal, com a Polícia Rodoviária Federal, e com a própria Receita Federal, afinal de contas, quando se fala em combate ao crime organizado, é essencial ter todo um conjunto de articulações, inclusive do ponto de vista do asfixiar financeiro das organizações criminosas — onde a Receita Federal pode ter um papel preponderante nessa atuação. Portanto, a articulação não só é posta no âmbito federativo, mas também no âmbito da relação federativa dos próprios órgãos existentes no estado, sem a qual não chegaremos a bons termos.

Além disso, a integração passa por uma terceira perspectiva, que é a internacional. Hoje, há crimes transnacionais praticados pelo cruzamento das fronteiras e, se não houver uma integração com outros países, dificilmente se conseguirá bom êxito. Cito como exemplo o problema das fronteiras brasileiras. Poderemos desenvolver uma boa estratégia de ampliação da fiscalização das fronteiras, mas não existem fronteiras invulneráveis no mundo. Só se consegue um grau maior de eficácia quando as forças policiais de um país estão integradas às forças policiais do outro país com que se faz fronteira. O Ministério da Justiça tem buscado desenvolver atividades nessa perspectiva com nossos países vizinhos de fronteira e também com países de *além-mar*. Recentemente, em uma reunião do G-8 ampliada com os ministros da Justiça de Estado, chegou-se ao seguinte diagnóstico: ou atuamos internacionalmente contra o tráfico de drogas ou não conseguiremos combatê-lo com eficácia. Portanto, a integração dos âmbitos federativos e a integração internacional são peças-chave para uma boa formulação da política de segurança. Por isso, creio, esse é o eixo fundamental para a intervenção.

O segundo eixo é a questão da informação da gestão e do planejamento. É impossível desenvolver uma política de segurança eficaz sem informação, sem que se saiba onde acontece o crime, sem as características informativas da criminalidade. Pode causar espanto aos senhores e às senhoras, mas o Brasil, ainda hoje, não dispõe de um sistema informativo eficaz sobre criminalidade. Por exemplo, recentemente o Ministério da Justiça divulgou o chamado Mapa da Violência, estudo muito importante para que possamos mapear os homicídios no país, mas talvez poucos tenham atentado para a base de dados utilizada neste mapa, que é de 2008 e se vale de dados do Sistema Único de Saúde (SUS). Isto porque não temos esses dados disponíveis. Infelizmente, os estados anotam suas informações criminais com metodologias diferentes, há casos de subnotificação, há casos de sub-registro e não temos um mapa efetivo da violência, indispensável para um planejamento e uma gestão do serviço de Segurança Pública.

Estamos empenhados, nesse momento, em criar o arcabouço necessário para que o próprio Ministério da Justiça, em colaboração com os estados, possa ter um desenho, se possível *on-line*, dos locais onde acontecem os crimes, sem o que qualquer política de Segurança Pública fica sujeito a critérios subjetivos e disponibiliza a alocação de recursos. Em outras palavras, é necessário ter um sistema de informações nacionalmente unificado que permita detectar onde acontecem os crimes para que se possa planejar e gerir a atividade de segurança. A partir do planejamento, a gestão é indispensável.

Emprega-se, ousaria dizer, muito dinheiro mal gasto em Segurança Pública, e historicamente sabemos isso. É muito comum solicitar a compra de equipamentos sem o planejamento adequado para o devido emprego. Então, compra-se helicóptero para o qual não se tem piloto ou se compra certos tipos de aparelhos para os quais não se treinou ninguém para utilizar. Situações desse tipo se repetem no campo da Segurança Pública com muita frequência no Brasil. Portanto, é necessário ter, antes de tudo, clareza na questão da informação, do planejamento e da gestão. São fatores essenciais para a elaboração de políticas consistentes no plano da Segurança Pública.

O terceiro ponto é a questão da impunidade ou do sentimento de impunidade. Um dos aspectos que incentiva a criminalidade, obviamente, é a impunidade. E não trato aqui de leis com penas mais elevadas, porque é preferível, muitas vezes, se ter uma pena mais leve, mas que seja aplicável, do que uma pena descomunal, formalmente posta em grande dimensão, mas que nunca será aplicada a ninguém. Em outras palavras, é preferível um sistema penal eficiente a um sistema penal formalmente mais duro. E isso ainda é preciso superar na nossa realidade. Por diversas razões, temos a ideia da impunidade evidenciada na sociedade brasileira. Primeiro, porque nem sempre o corpo policial está aparelhado para desenvolver a atividade de polícia-judiciária, isto é, a investigação para apuração de denúncia. Posso citar alguns exemplos que já são públicos. O estado de Alagoas — que conta hoje com a participação do governador do estado, Teotônio Villela, na perspectiva de tentar superar o elevado índice de homicídios — tem a maior taxa em todo o país e cerca de seis mil inquéritos policiais parados, sem qualquer apuração há anos, porque não existem policiais nem capacitação técnica para que esses inquéritos sejam resolvidos. Ora, como pode não haver impunidade se não há apuração e inquéritos policiais desse delito que talvez seja o mais grave de todos, o homicídio? Precisamos aparelhar o nosso sistema e capacitar efetivamente a investigação para que se possa vencer definitivamente a ideia de impunidade.

Além disso, há o problema da morosidade do nosso sistema jurisdicional, que não é culpa de juízes, nem de promotores, nem de advogados. Temos um sistema jurisdicional moroso em que as punições demoram a tornar-se efetivas. Aliás, a prestação jurisdicional, seja penal ou cível, demora a acontecer pelo número infindo de recursos e pelas características sistêmicas. É necessário enfrentar esse problema, claro, sem abolir o direito de defesa, do contraditório, sem ferir as garantias do Estado de Direito, mas é essencial que tenhamos um sistema penal mais rápido e célere, para que, em conjunto com medidas que viabilizem a investigação criminal, a ideia de impunidade possa ser superada, que, óbvio, é um elemento incentivador da criminalidade.

Outro aspecto, ou eixo, é a questão da corrupção dentro das corporações repressivas, chamemos assim, do Estado. Esse é um dos problemas gravíssimos que temos de enfrentar. O aparelho repressivo não pode ter um elevado nível de corrupção nos seus quadros. Se isso acontecer, "floresce" o crime organizado. Ousaria dizer que não existe crescimento do crime organizado sem uma parcela considerável de cooptação pela corrupção de autoridades envolvidas no sistema repressivo. Falo de autoridades policiais, do Ministério Público, do Poder Judiciário. Esse é o tipo de situação que temos de enfrentar com coragem, por meio da criação de corregedorias independentes e autônomas, superando o espírito corporativo de autodefesa que, muitas vezes, existe nessas instituições. É preciso ser implacável com a corrupção quando o problema atinge agentes do sistema punitivo do Estado, do sistema investigativo. Para isso, a superação do espírito corporativo, a criação de corregedorias firmes e o controle da sociedade são indispensáveis para a superação do problema que, creio, é também um dos mais graves no âmbito da Segurança Pública em todo o país.

O quinto eixo é a formação e a valorização profissional do corpo policial. Os salários no Brasil são baixíssimos e a valorização da polícia é quase inexistente. Isso é grave! Precisamos ter uma política ofensiva de melhoria das condições salariais dos policiais e a busca do seu aprimoramento profissional. Isso é possível. E a Polícia Federal é um exemplo. Se fizermos uma análise comparativa de alguns anos atrás, a Polícia Federal teve uma mudança substantiva do seu plano de ação. Hoje, a atuação da Polícia Federal, o seu padrão de gestão e de eficiência são surpreendentes em face do que vimos no passado. Um dos fatores que impulsionou essa mudança na Polícia

Federal está relacionada à melhoria da remuneração. Atualmente, quando se avalia o mercado de trabalho para jovens profissionais de direito, se considera exercer a advocacia ou prestar concurso para juiz, promotor ou delegado federal. Ou seja, o mesmo profissional concorre a uma vaga em concursos para magistratura, porque a remuneração está posta em um patamar elevado, considerando-se a história do país. Isso atrai bons profissionais, pessoas capacitadas, valoriza e desenvolve a autoestima, que é elemento indispensável para uma boa ação policial. Portanto, isso não pode passar despercebido por todos nós.

O outro aspecto que também não podemos deixar de observar é o desenvolvimento de políticas sociais e de defesa da cidadania. É óbvio que quando se fala em Segurança Pública podemos interpretá-la em um sentido restrito, podemos falar de Segurança Pública apenas como uma atividade policial, mas o crime tem várias causas e causas complexas. Às vezes, temos uma tendência maniqueísta ou simplista ao apontar apenas uma única causa como geradora de ocorrências criminais. Isso não é verdade, o crime tem várias causas que incidem, interagem e se multiplicam. Por isso, precisamos detectá-las para combater, efetivamente, a criminalidade.

Por essa razão, as atividades repressivas devem ser casadas com políticas sociais. Atividades repressivas, muitas vezes, retiram pessoas da criminalidade ou inibem a inserção. Quando se desenvolvem políticas sociais para a juventude, por exemplo, com a criação de oportunidades, de atividades culturais e esportivas, é clara a perspectiva do rebaixamento do índice de criminalidade. Da mesma forma, quando o Estado se faz presente — aqui no Rio de Janeiro vimos isso e o secretário Estadual de Segurança Pública, José Mariano Beltrame poderá falar isso em breve — inclusive com políticas sociais em áreas de vulnerabilidade social, se estabelece uma situação de enfrentamento, até mesmo do crime organizado. A presença do Estado, de políticas sociais, de cidadania e a participação da sociedade servem como o manto de impermeabilização para a elevada incidência de criminalidade. Assim, é estratégico que as ações de Segurança Pública sejam desenvolvidas de forma a interagir com essas políticas sociais.

O último ponto de intervenção seria a adequação do sistema prisional. Mais uma vez ousaria dizer que o Brasil tem um sistema prisional praticamente medieval. Não propicia a reinserção social e, em um processo às avessas, qualifica pessoas que entram como criminosos de baixa periculosidade para de lá sair altamente perigosos, permitindo a cooptação de pessoas que ingressam no sistema pelas próprias organizações criminosas que se quer combater. Temos situações alarmantes no Brasil. Pelos dados do Ministério da Justiça, temos hoje 60 mil presos em delegacias de polícia em condições, obviamente, inaceitáveis. E não estou falando do sistema prisional ordinário em que faltam muitas vagas, estou falando apenas dos presos em delegacias de polícia. Seria uma tarefa inadiável retirarmos esses presos dessas condições. Por que uma tarefa inadiável? Porque, em primeiro lugar, a delegacia de polícia não é lugar para que um indivíduo fique preso e, em segundo, porque fixa o policial na delegacia em vez de atuar nas ruas.

Ora, isso implica promover uma melhoria substantiva no nosso sistema prisional, seja com a construção de mais vagas, seja com a busca de alternativas de cumprimento de pena como monitoramento eletrônico e outras ações que devem ser pensadas dentro de um padrão de eficácia. Portanto, o sistema prisional brasileiro provoca, muitas vezes, a interação entre o crime organizado e a delinquência dentro do próprio presídio e a comanda, quando há a mistura de presos sem periculosidade com outros de alta periculosidade, formando verdadeiras escolas de criminalidade em nossos presídios. É imprescindível enfrentar esse problema para que possamos ter uma política consistente de Segurança Pública.

Em síntese, posso dizer que todos esses pontos mencionados aqui de forma provocativa são apenas os elementos sobre os quais temos de fazer uma efetiva reflexão para uma política nacional de Segurança Pública. Sobre vários desses aspectos temos experiências muito importantes e corretas. O estado do Rio de Janeiro desenvolveu e tem desenvolvido algumas dessas questões políticas interessantes e dignas de aplauso. Pernambuco, por exemplo, desenvolveu e tem desenvolvido uma política corretíssima com o chamado Pacto da Paz, que vem reduzindo brutalmente a criminalidade. De acordo com informações que recebi do governo pernambucano, Recife tem hoje menos homicídios comparativamente ao que conseguiu o programa Tolerância Zero, em Nova York, e ao alcançado pelo programa desenvolvido em Bogotá, na Colômbia. Então, temos experiências muito ricas no Brasil e cabe a nós nos apropriarmos dessas experiências. E a partir dessa matriz de reflexão, que passa pelos sete pontos tratados aqui, ainda que de forma sintética, temos os ingredientes necessários para a formulação de uma política séria e consistente no plano da Segurança Pública.

Segurança Pública: novas perspectivas?

José Vicente da Silva Filho*

* Coronel da reserva da Polícia Militar do Estado de São Paulo. Ex-secretário Nacional de Segurança Pública.

O CHOCANTE MASSACRE de 12 crianças no dia 7 de abril de 2011 em uma escola de bairro da cidade do Rio de Janeiro galvanizou a atenção do país pelo inusitado e pela extensão da violência praticada contra crianças e adolescentes no que deveria ser um tranquilo e protegido ambiente escolar. O assassino que se suicidou no local era um jovem de 23 anos com transtornos suficientes para torná-lo uma pessoa perigosa. Mesmo assim, essa tragédia era imprevisível, como asseguram os estudiosos desse fenômeno relativamente frequente em escolas dos Estados Unidos.

O que não é imprevisível é a certeza de que hoje, como amanhã, 133 pessoas serão assassinadas e outras 99 morrerão em acidentes de trânsito no Brasil, a maioria jovem e pobre. Longe da mídia e pulverizada pelo Brasil, essa tragédia repetitiva não tira o sono dos políticos como os casos mais midiáticos do ataque na escola, no assassinato de líderes do campo ou os assaltos em caixas eletrônicos e joalherias.

As informações a seguir são repetitivas, e ainda assim importantes, porque praticamente nada de relevante tem sido feito para que esses dados não fossem aqui repetidos. Se o problema é repetitivo, é porque as estratégias até aqui adotadas fracassaram; se o problema é grave — e mortes estúpidas e evitáveis o são —, é porque faltou aos governos o interesse que gera as soluções necessárias.

O Brasil continua a ser um dos países mais violentos do mundo. E tudo indica que assim vai continuar se depender das primeiras decisões do novo governo comandado por Dilma Rousseff de cortar verbas da Segurança Pública, contingenciando recursos do Ministério da Justiça.

O déficit primário deve ser mais importante que o déficit de vidas que faz do Brasil um país que massacra seus habitantes como uma das nações mais violentas do mundo. Pode-se estimar em mais de 700 mil as mortes violentas ocorridas nos dois mandatos do governo Lula, aproximadamente 60% por homicídios e as demais em acidentes.[1] No sistema SUS devem ter ocorrido mais de 1,5 milhão de internações em decorrência de violência nesse período. É provável que a soma das vítimas de todas as guerras e tragédias da natureza no mundo nesse período não superarão essa marca nacional. Essa é, sem dúvida, a pior miséria nacional; afinal, poucos morrem da trágica inanição da pobreza.

Essa violência tem custo altíssimo: algo em torno de um *trilhão* de reais em oito anos de governo pelas estimativas feitas por pesquisadores do IPEA, segundo os quais o custo anual da violência no Brasil é de 5,09% do PIB[2] (cerca R$ 185 bilhões para o ano de 2010 ou, aproximadamente, R$ 500 milhões por dia). Contingenciar recursos destinados à prevenção de mortes é investir no prejuízo humano e econômico. A tendência é piorar muito essa situação após a edição da Lei nº 12.403, em 5 de maio de 2011, que praticamente inviabiliza a maior parte da prisão de criminosos por impedir prisão preventiva a crimes com pena inferior a quatro anos, abrangendo furtos simples, lesão corporal, atos obscenos, violação de domicílio, formação de quadrilha, receptação, cárcere privado, possuir ou portar armas, uso de armas proibidas, adulteração de armamento (raspar identificação, por exemplo), fabricar ou empregar artefato explosivo, entre outros.[3]

Governar, diz o conceito popular, é administrar prioridades. As experiências nacional e internacional têm revelado que se a segurança não tiver prioridade e urgência declaradas na agenda do governo que inicia seu

---

[1] Essa estimativa, inclusive a estimativa diária, foi feita a partir da projeção dos dados de 2003-2007 do Sistema de Informações de Mortalidade do Ministério da Saúde, constando 243.847 óbitos por agressão, 181.573 por acidentes de transporte e 54.481 mortes violentas por intenção não determinada. As internações hospitalares somaram 986.716 casos no período.

[2] Pesquisa realizada na cidade do Rio de Janeiro por Piquet e outros chega a número semelhante, mas, segundo o professor Beato (1999) da Universidade Federal de Minas Gerais, essa estimativa ainda é limitada, pois não considera impactos da violência sobre investimentos privados.

[3] Essa constatação é do desembargador Fausto De Sanctis em artigo escrito no blog do jornalista Luis Nassif no dia 3 de maio de 2011, dias antes da sanção presidencial (é possível que na assinatura alguns pontos comentados tenham sido vetados, mas isso não tiraria o caráter negativo da lei para a segurança, segundo outros juízes e promotores de justiça consultados).

mandato, ela não receberá as decisões políticas nem os recursos decisivos e oportunos para fazer frente aos desafios.[4] Mas o que assusta é a insensibilidade governamental com a prioridade do problema, justamente em um momento propício de elevado capital político pós-eleição e com um ministro da Justiça de sólido perfil jurídico e sensível à causa pública.[5] Vejamos cinco exemplos de grave desconsideração com essa prioridade:

1. A taxa de mortalidade por violência de jovens no Brasil é de 51,6 casos por 100 mil habitantes, a quinta maior entre 83 países; essa taxa é cinco vezes maior que os registros no Paraguai e na Argentina, 73 vezes maior que na França (0,7 morte por 100 mil) e 172 vezes maior que no Japão (0,3).[6] Há alguma política séria ou algum projeto para poupar esses brasileirinhos?

2. O Brasil é o quinto país em mortes no trânsito (foram 181.573 entre 2003 e 2007, segundo dados do Ministério da Saúde, além de 606.096 internações hospitalares resultantes dos acidentes). E, no entanto, da arrecadação de 5% do seguro obrigatório de acidentes de veículos (totalizando R$ 874 milhões entre 2005 e 2009) que deveria ser aplicada em prevenção de acidentes segundo determinação legal, apenas foram utilizados R$ 43,5 milhões pelo Departamento Nacional de Trânsito; do total recebido em 2007 foi aplicado apenas 0,08%. A informação oficial do diretor geral da entidade foi que "os recursos do Denatran sofrem contingenciamento como todo e qualquer recurso do Tesouro Nacional para cumprimento das metas de superávit primário da União". Salvar vidas e poupar sofrimentos e despesas com internação, além de cumprir a legislação pertinente que é mandatória, não estavam nas preocupações das autoridades porque não havia prioridade política que balizasse essas decisões.

---

[4] Ao participar de sessão do Fórum Nacional, em maio de 2003, no início do governo Lula, portanto, o ministro da justiça Márcio Thomaz Bastos afirmou que "a responsabilidade da segurança pública cabia ao governo federal, cabia a este governo federal. Não ao governo federal anterior, não somente aos governos estaduais, mas ao governo Lula, que não pode se eximir da sua responsabilidade e não pode ser cúmplice pela pior forma de cumplicidade que é a omissão com o crime que — nós achamos — avassala o país neste momento".

[5] Ministro José Eduardo Cardozo.

[6] Segundo estudo de Waiselfisz (2008) realizado para a Unesco.

3. O sistema prisional brasileiro faz parte do sistema maior de Segurança Pública e justiça. É mais que sabido que se trata de um sistema caótico com cerca de 500 mil presos se amontoando em aproximadamente 300 mil vagas. Nessas prisões superlotadas, que são dependências governamentais, ocorre anualmente mais tortura e provavelmente mais mortes do que em todo o ciclo de 21 anos dos governos militares. No entanto, entre 2006 e 2010 o governo federal produziu menos de 5% das 80 mil vagas criadas, ficando todas as demais sob responsabilidade dos estados e Distrito Federal, além de deixar de fazer gastos críticos para aliviar os sofrimentos da massa carcerária.[7] A desassistência ao sistema penitenciário e aos presos continuará no ano inicial do governo Dilma, já que o forte contingenciamento das verbas atingiu praticamente todo o recurso do Fundo Penitenciário Nacional, de forma que os estados não receberão nenhum repasse no ano de 2011 (com a estranha exceção do estado do Maranhão, que recebeu R$ 28 milhões[8]). A tortura dos presos submetidos aos algozes que comandam presídios superlotados, a falta de higiene e de todo tipo de assistência já sensibilizaram os setores de direitos humanos da OEA, mas pouco sensibilizaram a secretaria brasileira correspondente.

4. O contingenciamento das verbas no Ministério da Justiça e no Ministério da Defesa também impedirá a maior parte das já modestas medidas de contenção da gravíssima criminalidade nas fronteiras. Sem esses recursos a Polícia Federal e os agentes da Receita Federal terão movimentos limitados para a contenção do crime organizado que introduz cerca de cem toneladas de cocaína, provavelmente umas cinco mil toneladas de maconha, além

---

[7] Em 2010, dos R$ 298.861.062,41 arrecadados para o Fundo, apenas R$ 25.447.371,00 foram utilizados, como manda a Lei Complementar nº 79, de 7/1/1994, para a construção e reforma de estabelecimentos penais, além de benefícios aos presos como educação, assistência jurídica e programas de ressocialização.
[8] Os interesses políticos continuam influenciando a distribuição de verbas: em 2010 os presos de São Paulo (quase 40% dos presos do país) receberam R$ 915.404,00; de Minas Gerais, meros R$ 38.070,00, enquanto de estados de interesse do governo federal receberam muito mais, como Bahia (R$ 11.732.688,00) e Rio Grande do Sul (R$ 21.492.154,00), estado pelo qual o então ministro da Justiça e gestor do Fundo, Tarso Genro, concorreria ao cargo de governador.

de armas, contrabandos e produtos piratas. Sem recursos para a Defesa, unidades das Forças Armadas não conseguem se instalar adequadamente ao longo dos quase 17 mil quilômetros de fronteiras e nos pontos críticos da costa marítima para utilizar a melhor estrutura logística que o país dispõe para vigilância dessas áreas inóspitas.[9] Dessa forma, os habituais anúncios de operações especiais e de integração de forças e agências para cuidar das fronteiras soam sempre como soluções midiáticas e políticas pela falta de um plano sustentado com os devidos recursos.

5. Passados seis meses da instalação do novo governo federal, ainda não foi apresentado qualquer plano de Segurança Pública, abrangendo os grandes temas nacionais do setor e estabelecendo estratégias, programas e recursos. Na verdade, o tema foi mencionado de forma muito superficial durante a campanha eleitoral pelos candidatos à presidência da República.

Entre 1979 e 2003, período em que a população cresceu 51,8%, as mortes violentas cresceram 461,8%, com registro de 550 mil pessoas mortas por armas de fogo. Num dos levantamentos mais recentes Waiselfisz (2010) constatou registro de 47.658 homicídios no Brasil, confirmando os dados oficiais dos últimos anos que contabilizam média anual superior a 45 mil vítimas de homicídio. Estudo do Programa das Nações Unidas para o Desenvolvimento (PNUD) revelou que o Brasil, com 2,8% da população mundial, registrou 11% das mortes por arma de fogo do planeta. Pesquisa efetuada pela Unesco em dados de 57 países mostra o Brasil em segundo lugar, depois da Venezuela com uma taxa de 21,15 mortos por armas de fogo para cada 100 mil habitantes. Para se ter uma base de comparação constatou-se uma taxa de 4,34 na Argentina e 0,06 no Japão. Análises do Banco Mundial (2006) consideraram que cada redução de 10% na taxa de homicídios pode resultar em incremento de 0,7 a 2,9 (essa variação depende de

---

[9] O governo federal tem acenado com a possibilidade de entendimentos com os países fronteiriços para dupla contenção dos crimes de fronteira. Parece esquecer a precariedade institucional desses países e o fato de que praticamente 1/4 do PIB de Bolívia e Peru decorre do próprio tráfico. Também de pouco adianta anunciar mais operações que são paliativos insolúveis para problemas crônicos.

um conjunto de condições) do PIB nos cinco anos seguintes. Como essa mortalidade exacerbada afeta para menos a expectativa de vida do brasileiro, há impactos adicionais na economia do país: para cada ano a mais de expectativa de vida aumenta-se em 9% a capacidade de atração do país em investimentos estrangeiros, segundo estudos conduzidos por Marcela Allan na Universidade de Harvard.[10] Cuidar da redução da violência é, portanto, prioridade tanto social quanto econômica para o país.

Outros dados da criminalidade continuam alarmantes:

- Pesquisa realizada pelo IBGE em 2009 constatou que em um ano seis milhões de pessoas são vítimas de roubos (o popular assalto) e 6,5 milhões são furtadas, propagando uma sensação de insegurança que afeta a qualidade de vida de 40% da população, a ponto de 35,7% dos lares terem grades de proteção instaladas.
- O tráfico de drogas que domina extensas áreas das principais regiões urbanas e afeta outras modalidades criminosas tornou o Brasil o segundo maior consumidor mundial e um dos maiores centros de movimentação de cocaína. Segundo o Relatório Mundial sobre drogas produzido pela ONU em 2011, a apreensão de cocaína na Europa com traficantes oriundos do Brasil aumentou quatro vezes entre 2005 e 2009, além do crescimento de 8 para 24 toneladas na apreensão dessa droga dentro do Brasil, o que revela o crescimento do tráfico no país. Estima-se que o país consuma de 40 a 50 toneladas de cocaína e "exporte" outro tanto ao ano. As polícias estaduais e federal aprendem apenas pequena fração dessas 80 a 100 toneladas que invadem o território nacional a partir da Colômbia, Peru e Bolívia. As drogas que abastecem os centros urbanos fomentam todo tipo de crime, da corrupção de autoridades à disputa armada de territórios por facções rivais, além de afetar dramaticamente a saúde da juventude, especialmente a propagação do crack, droga barata

---

[10] Essa referência consta do trabalho de Daniel Cerqueira e outros sobre o custo da violência realizado para o IPEA

e devastadora que compromete a segurança e saúde em 3,8 mil municípios, segundo levantamento feito pela Confederação Nacional de Municípios (CNM).[11]

- A pirataria, uma das tantas atividades do crime organizado, constitui rica atividade de negócios criminosos que impede a arrecadação de quase R$ 30 bilhões em impostos por ano; segundo estudos da PriceWaterhouse & Coopers, com apenas a redução de 25% da pirataria no setor de informática o país deixaria de perder R$ 1,7 bilhão ao ano e poderia gerar cerca de 25 mil novos empregos.

Como se pode constatar, a gravidade das condições de segurança no Brasil não foi afetada pelas pretensiosas e dispendiosas ações do governo federal anterior. A ideia de que as novas marcas da segurança — Pronasci (Programa Nacional de Segurança com Cidadania) e SUSP (Sistema Único de Segurança Pública) —, e seus conceitos de integração das ações e recursos das polícias estaduais, Polícia Federal e guardas municipais sustentariam um novo tempo de um eficiente trabalho cooperativo não encontrou eco na realidade das polícias que continuaram e continuam exatamente como estavam antes do atual governo, apesar de aumento do orçamento nos últimos quatro anos. Mesmo o dispendioso sistema de segurança (R$ 572 milhões) implantado no Rio de Janeiro durante os Jogos Pan-americanos de 2007 para ser referência nacional de um novo tempo da Segurança Pública não resultou em legado de melhorias nem para os cariocas. Na realidade, o que temos visto é que avanços, em termos de redução da violência, só ocorreram consistentemente em São Paulo e Minas Gerais, por conta dos governos estaduais, enquanto na maioria dos estados os sistemas de Segurança Pública deterioraram, chegando à dramática situação de Alagoas e Bahia, onde a violência praticamente saiu do controle.

---

[11] Estudo elaborado por Daniel Cerqueira, economista do Ipea, revela que as drogas ilícitas expandiram 132,8% entre 2001 e 2007. Como de lá para cá não houve nenhuma melhoria significativa em trabalhos de prevenção, nem de esforço repressivo eficiente ao tráfico, é mais provável que a tendência de crescimento do consumo tenha continuado.

PREVENÇÃO: ANTECIPAR O PROBLEMA, IDENTIFICAR CAUSAS, INTERVIR, AFETAR RESULTADOS

O conceito de prevenção de crimes implica em duas estratégias em princípio óbvias: prever um resultado e intervir em suas possíveis causas e circunstâncias para afetar o resultado previsto. Já sabemos de antemão que crimes violentos vão ocorrer em elevada intensidade, inclusive os locais onde eles se concentrarão. Os programas de intervenção, todavia, são intermediados por concepções de causas de criminalidade, o que será determinante para se definirem programas e ações para a redução dos problemas.

AS CONCEPÇÕES SOBRE A VIOLÊNCIA E SUAS CAUSAS

A violência, assim como outros dramas sociais, tem suscitado diferentes abordagens explicativas por analistas, como: policiais, economistas, juristas, jornalistas, cientistas políticos e cientistas sociais. O exame de causas e condições que afetam o descontrole da violência tem importância porque poderia ajudar a entender a dinâmica criminal e apontar políticas, estratégias e instrumentos para sua redução e controle. Não se pretende neste texto explorar a rica diversidade de opiniões e análises, mas apenas ilustrar as principais correntes e suas implicações elementares.

O recorrente discurso de que o criminoso é uma vítima da pobreza sempre enfraquece a prioridade do governo e a capacidade de resposta do aparato policial e judiciário, inclusive com contingenciamento de verbas e leis protetoras aos predadores da sociedade. A Lei nº 11.464/07 foi um desses casos ao permitir a liberdade provisória aos autores de crime hediondo, mas as benesses vão da limitação da permanência de criminosos perigosíssimos no regime disciplinar de segurança máxima à sistemática recusa em criminalizar menores de 18 anos autores de violências cruéis, além da adoção de discursos e medidas inconsequentes de ressocialização impossível a psicopatas de qualquer idade.

O irrealismo dos dispendiosos planos do governo federal pode ser exemplificado pela pretensiosa meta (divulgada em 2007) de reduzir o índice de homicídios de 26 para 12 mortos por 100 mil habitantes até 2010. O índice nacional permanece o mesmo e, como já foi dito, só São Paulo, Minas Gerais, Santa Catarina e Piauí conseguiram atingir esse índice, apesar de terem sido pouco beneficiados com os recursos do Pronasci. Aliás, o índice nacional só teve pequena queda graças à drástica redução dos assassinatos verificada em São Paulo e, em menor intensidade, em Minas Gerais e Rio de Janeiro (Gráfico 1).

Para justificar a irresponsabilidade dos baixíssimos investimentos no sistema prisional os governos federal e de muitos estados argumentam que prender não é solução, como se houvesse alternativa para as pessoas surpreendidas na prática de crimes graves. O problema não é ter presos demais, mas ter vagas de menos nos presídios. O índice nacional é de 246 presos por 100 mil habitantes, enquanto o índice do estado de São Paulo é de 400 por 100 mil habitantes, aproximadamente o mesmo do Chile. Nos Estados Unidos esse índice é de 700 por 100 mil. Em países violentos como o Brasil é aceitável a taxa potencial de 400 presos por 100 mil, como fator complementar de contenção da violência (incapacitação dos violentos e dos ladrões contumazes por retirá-los das ruas), a despeito de todas as providências de penas alternativas e da progressão de penas. A conta pode ser indigesta, mas o nível razoável de aprisionamento para o Brasil deveria ser 50% maior que o atual para gerar impacto decisivo sobre os níveis de criminalidade vigente, a par de outras providências. O custo do encarceramento chega a ser irrisório se comparado ao gigantesco custo da violência, além do que, manter violentos longe das ruas não deixa de ser um bom investimento social.

TAXA DE ÓBITOS POR HOMICÍDIOS
BRASIL, SÃO PAULO, BRASIL EXCETO SÃO PAULO
1999-2007

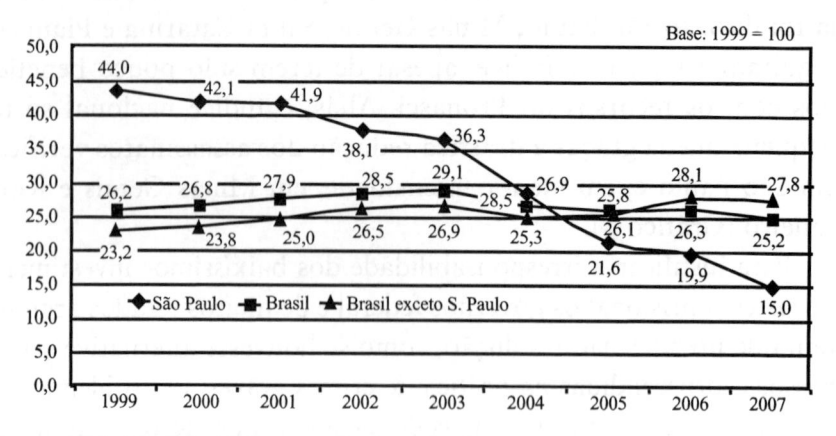

Fonte: Ministério da Saúde-Datasus; Fundação Seade.

A CONCEPÇÃO DA CAUSA SOCIAL DA VIOLÊNCIA

A primeira concepção, típica de uma insistente ideologia de esquerda que se enraizou na América latina é a dos violentólogos[12], que entendem a violência como decorrência de "causas objetivas" ou externas às pessoas, como a pobreza, a desigualdade, a exclusão social, o desemprego, a falta ou precariedade de serviços sociais; ou seja, esses fatores externos perversos pressionariam as pessoas a optar por comportamentos ilegais e a apelar à violência para resolver seus problemas, reduzindo a importância das decisões pessoais.

A aceitação dessa premissa coloca o sistema de justiça criminal — polícia, Ministério Público, Judiciário e o subsistema prisional — em plano secundário, enfatizando-se programas e ações sociais destinados a agir sobre "as raízes socioculturais do crime", como afirmou o

---

[12] Esse termo é usado especialmente pelo economista colombiano Fábio Sánchez (PhD pela Rutgers University), que faz análises extremamente objetivas sobre causas da violência colombiana e as políticas racionais para sua redução.

ex-ministro da Justiça Tarso Genro ao lançar o Pronasci em 2007. Essa concepção acaba gerando políticas e orientações para a execução de orçamentos do setor como, no âmbito do Pronasci, a criação de bolsas para mães, Bolsa Reservistas, jovens em "territórios de descoesão social", sem fundamentação que justifique a efetividade dessas onerosas iniciativas.

No âmbito policial, tornado secundário, as políticas contemplam, sobretudo, ações assistencialistas, como limitados programas habitacionais, treinamento à distância para concessão de "Bolsa Formação" e prioridade para fortalecimento das poucas guardas municipais que sequer têm poder de polícia. A título de exemplo desse equívoco: no final de 2009 o Pronasci cedeu à Prefeitura da cidade do Rio de Janeiro R$ 100 milhões para programas de suposta prevenção da violência, em um conjunto de ações abrangendo desde inclusão digital até feira itinerante de ciências, enquanto os aparatos policial e prisional do estado do Rio de Janeiro vivem grave crise para responder aos desafios concretos e imediatos da violência.

Essa concepção tem uma fragilidade crítica: não explica por que a expressiva maioria das pessoas submetidas a essas mesmas condições socioeconômicas desfavoráveis resistem às opções criminosas de vida. Também não consegue explicar como no Nordeste do Brasil, área mais beneficiada pelas melhorias da economia do país nos últimos cinco anos, ocorreram as maiores altas de violência do país, com Salvador chegando a 61,2 mortos para cada grupo de 100 mil habitantes e Maceió, que superou a marca dos 100 mortos por 100 mil, quando na tumultuada cidade de São Paulo esse índice foi de 10,6 em 2010.

IMPUNIDADE, FATOR MÃE DA DELINQUÊNCIA

A concepção de que a pobreza está diretamente vinculada às manifestações criminosas é equivocada e preconceituosa. E isso por dois argumentos simplórios: a quase totalidade dos pobres luta com dignidade para sobreviver e resiste às tentações de usar recursos ilegais, e também porque é cada vez mais comum o envolvimento de altos funcionários públicos em obtenção criminosa de vantagens financeiras, apesar de seus elevados salários e sofisticada escolaridade. O Piauí, recordista em pobreza, só é superado por Santa Catarina, entre os de menor violência no país.

O foco deve ser, portanto, a impunidade que leva expressivo contingente de pessoas de diferentes estratos socioeconômicos a delinquir. Pessoas infringem a lei por distúrbios em sua formação psicológica e moral e pelos baixos riscos da opção criminosa. A impunidade está associada a uma cultura permissiva e de baixos controles a desvios, além de ser favorecida por instrumental obsoleto dos controles do Estado — principalmente leis, polícia e Justiça Criminal —, como se constata não só pela enorme quantidade de criminosos violentos à solta como nos inúmeros e insolúveis casos de corrupção envolvendo políticos e altos funcionários de todos os poderes.

A quase totalidade das pessoas envolvidas em práticas criminosas será resistente às tentativas ressocializadoras dos programas sociais, ou seja, prosseguirão em suas atividades criminosas se não forem suficientemente intimidadas pelas ações competentes da polícia e da Justiça. Programas sociais têm possibilidades de sucesso principalmente com jovens que estejam em situação de risco de se envolverem com os crimes, mas terão pouca possibilidade de afetar os que já se envolveram intensamente com a vida criminosa. Tais programas, geralmente de maturação prolongada e resultados incertos, podem complementar, mas não substituir as ações mais ágeis de contenção do sistema criminal. Os mecanismos de controle social — polícia, justiça, prisões[13] — são remédios universais para pessoas malformadas ou mal-intencionadas que queiram obter vantagens ilícitas e ameaçam a sociedade com suas ações criminosas.

---

[13] Ao participar de seminário do Fórum Nacional de maio de 2003, o ministro da Justiça Márcio Thomaz Bastos mencionou os "instrumentos e ferramentas que o Estado tem para intervir na realidade: (...) a polícia, o Poder Judiciário e o sistema prisional".

A distorção do foco de causalidade, portanto, caminha na contramão da experiência recente de grandes centros populacionais com quedas acentuadas de crimes violentos através da supremacia dos instrumentos de contenção pela resposta eficaz aos criminosos.[14]

O endosso do pensamento de esquerda dos violentólogos é dispendioso equívoco que poderia receber o rótulo de "Ogro beneficente", como dizia Octávio Paz, um monstro enorme que consome inutilmente grandes quantidades de recursos. O governo federal e muitos intelectuais esperam, sem nenhum suporte da realidade, que a profusão de programas sociais, como prevê o Pronasci do Ministério da Justiça, possa reduzir os fatores sociais perversos que pressionam pessoas à prática de condutas ilegais e violentas. O melhor programa social, a educação de qualidade, promete pouco para a redenção dos jovens mais vulneráveis: cerca de oito milhões deles vagam pelas grandes cidades, após abandonar escolas de má qualidade e sem preparo para o mercado de trabalho. O Chile e a Argentina têm, proporcionalmente, o dobro de jovens com mais de 15 anos na escola; perdemos até para o Paraguai e Bolívia.

O CRIME COMO DECISÃO INDIVIDUAL

Outra corrente se assenta em conceitos oriundos da teoria econômica e tem um marco no economista Gary Becker, laureado com o prêmio Nobel em 1968, ao se manifestar de forma pragmática sobre o tema da violência: o crime decorre basicamente da decisão individual por uma questão utilitária se o benefício compensar o risco, trabalhando com expectativas racionais e procurando maximizar os resultados de sua conduta. Ou seja, nos curto e médio prazos, a resposta eficaz da polícia e da Justiça, impondo riscos e custos evidentes ao crime, seria o principal fator de redução da violência, reconhecendo-se que as raízes sociais são importantes, mas pouquíssimo se pode fazer para

---

[14] Em seminário realizado na Universidade de Harvard (Estados Unidos) em julho de 2007, pesquisadores apontaram essa realidade demonstrada em locais onde houve queda efetiva da violência.

repará-las em prazo razoável para afetar nossos preocupantes níveis de criminalidade.

Recentemente esse pensamento ganhou notoriedade pelas pesquisas de Steven Levitt, que analisou o impacto de fatores considerados estatisticamente relevantes como medidas de contenção que adicionam riscos às atividades criminosas; segundo suas análises, o aumento do número de presos nos Estados Unidos na década de 1990 foi responsável pela redução de 28% nos homicídios, 36% nos crimes violentos em geral e 28% nos crimes contra a propriedade. Outros fatores, como incremento de efetivos policiais, liberação do aborto e tempo passado em escola após os 15 anos, seriam fatores decisivos na redução da violência, contrariando ideias vigentes que apostavam em fatores favoráveis à redução da violência, como melhoria da economia e aspectos demográficos como o envelhecimento da população.

Os investimentos na alta capacidade de resposta das polícias e da Justiça Criminal, bem como no forte investimento na ampliação das vagas prisionais são os primeiros instrumentos e processos capazes de produzir resultados na intensidade e urgência de tempo que a crise de segurança requer. Reconheça-se o trabalho de várias ONGs e indivíduos dedicados à população em situação de risco, mas não será com afro-reggae em favelas que se fará a reversão da violência em cidades nas quais os criminosos ameaçam os cidadãos cotidianamente.

Nos principais casos internacionais de acentuada queda de violência — casos de Nova York, Bogotá e São Paulo — a prioridade foi dar maior capacidade de resposta à polícia para reduzir oportunidades para o cometimento de crime, introduzir riscos visíveis e intimidar delinquentes pela agilidade de resposta aos criminosos, principalmente pelo incremento das prisões. Não há alternativa para o incremento de punição como fator de intimidação e redução direta da sensação de impunidade que estimula a ação criminosa, seja do bandido pobre, seja dos criminosos das altas rodas da sociedade. Mesmo aos criminosos iniciantes e eventuais não pode faltar punição rápida e intimidadora, ainda que sejam penas não restritivas de liberdade, como as penas alternativas de prestação de serviços sociais, mas sob rigorosa supervisão de órgãos do estado.

CONCEPÇÕES ATUALIZADAS

O estudo do controle criminal, gradualmente, vem ganhando racionalidade e o crime sendo entendido como fenômeno de pessoas motivadas para vantagens ilegais, cujas ações decorrem principalmente de um processo racional de escolha perante riscos e benefícios. É evidente que existem inúmeros fatores sociais e do ambiente onde os crimes ocorrem que influem nesse processo. Pessoas mais religiosas costumam ser mais contidas por valores morais, pessoas empregadas e mais escolarizadas têm seu tempo tomado por suas atividades, pessoas menos jovens têm hábitos de menos risco. Alguns fatores individuais e sociais têm maior poder de influência na gestação de crimes, principalmente quando combinados: indivíduos com fragilidades mentais e morais, sob efeito de álcool, em ambiente de desordem e sob sugestão de infratores próximos têm elevado potencial para o crime. Como não se podem recuperar as condições sociais que formaram esse infrator potencial, é importante também cuidar de fatores situacionais que atuam nesse processo de influência — restaurar áreas degradadas, restabelecer a ordem urbana, articular programas de atividades com jovens que estão nas ruas —, para aumentar a possibilidade de êxito, principalmente se articuladas com o esforço policial e judiciário.

Mas o mais importante é que outras agências públicas — caso das prefeituras — e as entidades sociais e comunitárias podem ajudar muito na alteração das condições do ambiente que estão favorecendo a oportunidade para o crime (regulamentar e fiscalizar hotéis nas áreas de prostituição ou bares irregulares, iluminar e reurbanizar áreas degradadas, oferecer oportunidades de lazer de qualidade, por exemplo). Outros problemas identificados e que demandam frequente intervenção policial podem ser resolvidos ou mitigados com programas e campanhas sociais e educacionais, como as de redução de acidentes de trânsito, de consumo de drogas, de redução de desordem e violência em escolas etc.

Nessa perspectiva a polícia e a Justiça Criminal têm papel preponderante por serem os instrumentos básicos de resposta às ações criminais e, portanto, de redução da impunidade. Nossa Justiça Criminal tem fragilidades para enfrentamento do problema criminal, desde o instrumental legal — como o Código de Processo Penal de 1941, defasagens na Lei da Execução Penal e no Estatuto da Criança e do Adolescente, entre outras — até o tumultuado relacionamento da polícia com o Ministério Público, a carência do quadro de juízes e os graves problemas do sistema prisional que condicionam muitas de suas decisões.

Na primeira linha do sistema de Segurança Pública, o aparato policial da maioria dos estados ainda padece de absurdas anomalias que compromete esse instrumental de defesa da sociedade. As instâncias políticas ainda continuam a aceitar o absurdo de termos duas polícias — Polícia Civil e Polícia Militar — completamente diferentes em estrutura, treinamento, valores, áreas de operação, disciplina, salários, normas administrativas e operacionais ao invés de uma única polícia para dar conta dos já complexos problemas da Segurança Pública. Essa dualidade institucional da polícia — caso raro no mundo —, além de ineficiente no controle criminal, gera desgastantes conflitos institucionais e custa muito caro pela duplicação desnecessária de estruturas e meios.

Os avanços institucionais do aparato policial nos últimos oito anos foram raros e praticamente se circunscreveram aos estados de São Paulo e Minas Gerais, por sinal os que mais avançaram nos arranjos da difícil integração das duas polícias e, principalmente, nos resultados alcançados na redução da criminalidade, graças ao empenho de seus governadores, à continuidade das políticas de segurança, à sensatez do planejamento integrado e aos investimentos em tecnologia de informação, treinamento e gerenciamento do aparato policial focado na redução dos crimes. No Nordeste, região com crescimento econômico superior à média nacional nos últimos cinco anos, a violência só tem aumentado, como mostra levantamento sobre a evolução dos homicídios entre 1996 e 2008:

- Maranhão: crescimento de 242%;
- Piauí: crescimento de 203%;

- Rio Grande do Norte: crescimento de 178%;
- Paraíba: crescimento de 158%;
- Ceará: crescimento de 122%.

Em Pernambuco o foco interessado do governador no assunto permitiu dinamizar o aparato policial e neutralizar duas dezenas de grupos de matadores, a maioria com integrantes policiais, resultando em relativa queda dos homicídios, apesar dos ainda altos índices (41 mortos por 100 mil habitantes em 2010). No entanto, Recife e Olinda estão entre as cidades mais violentas para adolescentes no Brasil, com 7,3 e 8 mortos, respectivamente, para cada mil jovens com idade entre 12 e 19 anos (a média nacional é de 2,7).

Em alguns estados onde os governos se distanciaram do problema e não fortaleceram as instituições policiais e a integração dos sistemas, os resultados chegaram a ser desastrosos, como na Bahia e Alagoas[15], onde a violência simplesmente saiu do controle. Inovações exóticas, como no Ceará, onde o investimento em uma promessa do marketing da campanha eleitoral (em 2006) de "patrulhas de bairro" resultou em decepcionante fracasso, por erro de concepção da atividade policial e pela redução da preparação dos novos policiais para insuficientes três meses de treinamento; no Distrito Federal resolveu-se investir em centenas de postos policiais espalhados, comprometendo recursos em uma concepção sabidamente imprópria para as atividades de prevenção, o que acabou agravando o quadro de segurança já bem comprometido pelo desentendimento entre as polícias civil e militar. A cidade de Brasília tem, proporcionalmente, o triplo da violência da cidade de São Paulo[16], apesar de possuir o maior aparato policial do

---

[15] Na Bahia os homicídios aumentaram 50,7% entre 2006 e 2010; em Salvador o crescimento nesse período foi de 69,4%, chegando ao índice de 61,2 mortos por 100 mil habitantes. Em Salvador (2.676 milhões de habitantes) ocorreram 1.638 homicídios em 2010, enquanto a cidade de São Paulo (11.244 milhões de habitantes) registrou 1.196.

[16] Em 2010 a cidade de São Paulo teve índice de 10,6 homicídios por 100 mil habitantes e Brasília (2,6 milhões de habitantes) registrou 26,5 homicídios por 100 mil. Com 20.731 policiais militares e 5.671 policiais civis Brasília tem um policial para cada 97 habitantes, proporcionalmente o dobro de Nova York e o triplo de São Paulo.

mundo em relação aos habitantes e salários superiores aos da polícia de Nova York.

A precariedade de sistemas de seleção, formação, supervisão, disciplina, corregedoria ativa, controles externos e baixos salários têm incrementado excessivamente a vulnerabilidade das polícias não só à violência como à corrupção, inclusive a vinculada a grupos criminosos, comprometendo seriamente a credibilidade das corporações policiais e sua capacidade de controlar e reduzir a criminalidade.

A ineficiência da investigação das polícias é uma regra nacional, confirmada pelas raras e pontuais exceções. O Conselho Nacional do Ministério Público (CNMP) divulgou que o número de homicídios não solucionados pela polícia até novembro de 2010 era de 158.319, destacando-se o Rio de Janeiro, cujos números subiram de 8.526 em 2007 para 60 mil em 2010. Estima-se que os esclarecimentos nos inquéritos de homicídio — geralmente o tipo de crime que mais se esclarece — cheguem a 8% no Brasil, com alguns casos de ineficiência crônica, como de Alagoas, onde o índice não chega a 2%.[17] Levantamento do Conselho Nacional de Justiça da quantidade de inquéritos de homicídios ainda em aberto desde 2007 demonstra a desorganização, o descaso e a incompetência das polícias civis em muitos estados, apesar dos delegados, na maioria dos casos, receberem salários equiparados a juízes:

TABELA 1
INQUÉRITOS DE HOMICÍDIOS
ABERTOS EM 2007

Espírito Santo	13.610
Pernambuco	10.389
Bahia	9.394
Paraná	9.281
Rio de Janeiro	8.524
São Paulo	2.017
Brasil	85.392

---

[17] Dados levantados por Julio Jacobo Waiselfisz, coordenador da pesquisa Mapas da Violência 2011, divulgada pelo Ministério da Justiça.

INTELIGÊNCIA E O CRIME ORGANIZADO

Autoridades do setor de Segurança Pública têm adicionado, cada vez com mais ênfase, o fator inteligência no cardápio de soluções das questões de criminalidade. Nessas menções, geralmente mal explicadas, há uma certa aura de mistério, como se fosse algo secreto que não necessitasse de explicações. Em nosso meio policial o termo inteligência foi copiado do jargão norte-americano, que considera o termo meramente informação com algum grau de qualidade (pela credibilidade da fonte e utilidade da informação) para ser utilizado em um serviço governamental.

Inteligência como prática sistemática de coleta, processamento, análise e distribuição de informações de interesse do governo (órgãos policiais, órgãos do sistema penitenciário, órgãos militares, órgãos do Judiciário e do Ministério Público, Receita Federal e órgãos estratégicos do governo) é cada vez mais importante para gerar conhecimento necessário para ajustar a eficiência dos órgãos governamentais e a eficácia de suas ações de redução de danos e neutralização de ameaças. Sem competentes sistemas de inteligência a sociedade pode ficar vulnerável à ação de criminosos comuns, à redes de corrupção dos serviços públicos, ao poder do crime organizado mais violento ou mais sofisticado, além de ameaças típicas do panorama de globalização do século XXI como o terrorismo, o tráfico internacional (drogas, armas, pessoas), a lavagem de dinheiro, ameaças cibernéticas (fraudes, furto de identidade, comprometimento de sistemas) e até ameaças à saúde pública, como a gripe aviária e outras mutações biológicas ameaçadoras.

Não se pode pensar no futuro da Segurança Pública sem uma política direcionada especificamente na organização e fortalecimento de sistemas e métodos de inteligência que aumentem a proteção da sociedade e das próprias instituições públicas, incluindo as estruturas de governo. Temos dificuldades de toda ordem a serem reparadas, desde a deficiente coleta de informações que começa na atividade corriqueira de registros nas delegacias de polícias, até a falta de estruturas que integrem os diferentes bancos de dados, passando pela falta de protocolos de entendimento e mútua cooperação entre as diferentes agências dentro de cada estado (principalmente polícias civil e militar, setor prisional e Ministério Público) e as agências federais (Polícia Federal, Receita Federal, Forças Armadas, Abin), além de acesso a informações relevantes de sistemas públicos como a previdência, movimentações bancárias, registros de armas, imóveis, automóveis, empresas (juntas comerciais) etc.

Esses sistemas necessitam de organização (bancos de dados nacionais e regionais, gerências regionais, treinamento, obrigações de inclusão, seleção de talentos para analistas de inteligência etc.) e softwares apropriados com recursos de inteligência artificial capazes de trabalhar com dados não estruturados (ou seja, com relatórios escritos e falados) e de fazer ligação automática entre pessoas (nomes, fotos, digitais, *modus operandi*, associações criminosas etc.), fatos (ocorrências registradas como crimes, acidentes, participação societária, gravações telefônicas etc.) e dados (documentos pessoais, veículos, registros imobiliários, contratos, relação de telefonemas, declaração de renda etc.). Operações especiais de inteligência podem ser preparadas com dados do sistema para complementação através de ações de campo, de denúncias e de informantes.

Mas estamos muito longe dessa racionalidade estrutural e de métodos producentes, apesar dos modestos avanços que vêm sendo realizados em alguns estados com a criação dos Gabinetes de Gestão Integrada (GGI) em que agências federais e estaduais se reúnem esporadicamente para analisar seus principais problemas para alguma forma de cooperação. O problema desses GGI é que se dedicam muito mais a problemas pontuais locais do que a fortalecer o sistema e analisar os espectros de ameaças não só atuais, mas também as possibilidades futuras, havendo predominante foco no passado dos fatos ocorridos. Além disso, não podem se servir de dados mais estruturados porque eles são precários pela falta de padronização e de investimentos.

No âmbito federal a política para o setor deveria padronizar todo o sistema, criar programas de capacitação e marcos regulatórios que obriguem entidades federais e estaduais produtoras e consumidoras de informação de interesse criminal a incluir seus dados nesse sistema, além de financiar a estrutura básica de cada unidade federativa e estabelecer as conexões necessárias com organismos internacionais.

Não é de estranhar, portanto, que o crime organizado, como prática planejada e coordenada de grupos de pessoas associadas para a realização de crime — sejam fraudes na administração pública ou tráfico de entorpecentes —, tenha recebido pouco mais que ações pontuais das agências policiais. A Polícia Federal, a agência com mais estrutura (pessoal qualificado, equipamentos abundantes, altos salários), depois de longo período dedicado especialmente à repressão de crimes contra a administração pública, vem aumentando o esforço direcionado às modalidades que envolvem, direta ou indiretamente, crimes com prática de violência que atormentam os grandes centros urbanos. Nas exuberantes ações das facções criminosas do Rio de Janeiro, nas centenas de territórios dominados por traficantes e milícias com intermináveis e violentos confrontos entre facções adversárias ou entre elas e a polícia fica evidente a deficiência dos sistemas de inteligência das forças de segurança. Ali ainda falta o direcionamento de ações da Polícia Federal para golpear a logística do tráfico de entorpecentes e do contrabando de armas de guerra que municiam fortemente os criminosos e possibilitam que dominem vastos territórios, onde o Estado só entra em gigantescas operações ou pedindo permissão. Embora a Secretaria da Segurança do Rio de Janeiro tenha uma subsecretaria de inteligência, o trabalho é fortemente burocratizado e não consegue — como não conseguem todas as demais polícias — articular os vários bancos de dados criminais das polícias civil e militar e complementar informações por meio de eficientes buscas de campo. O setor especializado de inteligência da Polícia Civil carioca tem precário acesso aos dados das delegacias especializadas para compor seus quadros mais amplos de compreensão dos grupos criminosos e de suas vulnerabilidades, limitando suas ações à identificação e prisão de lideranças, rapidamente substituídas e por pessoal mais jovem e mais violento. Na maioria dos estados a irracional rivalidade organizacional entre as polícias conspira contra um dos pilares de qualquer sistema de inteligência que é a cooperação dos órgãos no fluxo de informação.

No caso de São Paulo ocorreram diferenças significativas na estruturação das ações criminosas. É notória a existência de diferentes grupos de criminosos organizados para a prática relativamente especializada de alguns crimes, como tráfico de entorpecentes, roubos e furtos de veículos, roubos de cargas, contrabando, produtos falsificados ou produzidos sem licença (pirataria), jogos ilegais, prostituição etc. Muitos desses grupos disputam o mesmo segmento e ocorrem conflitos. Entretanto, no âmbito paulista ocorreu um fenômeno inusitado: participantes dos mais diferentes grupos foram se associando, desde 1993, em uma organização comum, à maneira de um sindicato do crime, onde são carreadas contribuições mensais para um fundo que custeia proteção nos presídios, pagamento de advogados, eventuais socorros financeiros a familiares e investimentos (dinheiro, armas, "mão de obra") em ações criminosas, principalmente no tráfico de entorpecentes, que chega a render cerca de R$ 2 milhões por mês, segundo uma das principais lideranças dessa cooperativa. Parte dos primeiros líderes que impunha a organização pela força foi sendo eliminada ou afastada e a racionalidade organizacional mais discreta foi ganhando adeptos, chegando a estimados seis mil os membros ativos da "entidade" criminosa, embora algumas autoridades da polícia paulista admitam o absurdo de que essa organização criminosa teria controle sobre mais de 100 mil presos (ressalte-se que durante a megarrebelião que mais atingiu o sistema paulista 70 unidades prisionais não aderiram ao motim). Outro aprendizado da polícia paulista, principalmente o setor de inteligência do Departamento Estadual de Investigações sobre o Crime Organizado, foi a constatação da necessidade de incluir em suas atividades de coleta e análise de dados criminais de criminosos já presos, pois sabe-se que a maioria das lideranças nos presídios brasileiros tem muita facilidade de comunicação com o mundo exterior, seja por telefones celulares, seja por visitantes e advogados e, por isso, devem continuar a receber atenção da polícia.

Mencionamos esses dois casos emblemáticos dos principais estados do país, mas a precariedade desses sistemas de inteligência da segurança não difere muito do que ocorre nos demais estados e na própria Polícia Federal. Apesar de São Paulo ser pioneiro na implantação de um sistema[18] capaz de rastrear informações em qualquer banco de dados de diferentes plataformas, ainda está longe de se integrar às agências estaduais, de empregar softwares apropriados e, principalmente, selecionar e capacitar analistas para extrair conhecimentos capazes de identificar os pontos críticos das organizações criminosas, antecipar suas ações e promover ações devastadoras em suas estruturas. Um problema, evidentemente, é que um bom sistema de inteligência fatalmente vai detectar incompetências gritantes, negócios escusos com empresas e agentes públicos envolvidos nas variadas manifestações do crime organizado, o que constitui o grande fator de resistência em muitos órgãos policiais para ceder acesso a seus bancos de dados.

O momento em que se inicia um governo constitui a melhor oportunidade para identificar as deficiências e programar correções estratégicas, muito além da administração de questões pontuais e locais. O governo federal ainda não sinalizou as políticas e os planos para o setor, extremamente necessários para balizar as ações complementares dos demais órgãos.

O QUE HÁ DE NOVO?

A invasão de cidadelas nos morros cariocas dominadas por facções armadas com um forte aparato militar, fazendo criminosos correr praticamente sem esboçar a temida reação que retardou por duas décadas essa ação, criou uma imagem sólida no imaginário da população. A cenografia do poder não poderia ter maior apelo midiático com carros blindados, soldados pintados para a guerra, armas pesadas, helicópteros e bandeira hasteada no ponto mais alto do conjunto de favelas praticamente abandonado pelo poder público até então. As palavras de ordem das autoridades eram vitória, caminho sem volta, resgate da

---

[18] Esse sistema denominado Sistema Ômega é o mais sofisticado existente no Brasil e foi totalmente desenvolvido por experts brasileiros e ajustado às necessidades e características específicas de nossos crimes, registros e estrutura policial e judiciária.

cidadania, fim da submissão ao jugo criminoso, segurança para as famílias etc. Até então a ocupação de uma dúzia de favelas por grupamentos de policiais militares especialmente designados para permanecer, e não mais se retirar depois de uma operação ocasional, vinha ocorrendo em pequenas comunidades, como o Morro de Santa Marta, com pouco mais de quatro mil habitantes, que recebeu mais de 120 PMs sob comando de um capitão.[19] Como costuma ocorrer nessas situações essa nova configuração recebeu uma titulação original e sua respectiva sigla: Unidade de Polícia Pacificadora ou, simplesmente, UPP. As ocupações precedidas de forte aparato de tropas especiais para "limpar o terreno" dos marginais que ali se instalavam possibilitaram a essas comunidades gozar da tranquilidade que até então desconheciam e começaram a usufruir direitos básicos de proteção e ausência de ameaças e regras espúrias de criminosos de toda sorte. Crimes caíram nessas localidades e uma nova solução para segurança pareceu se configurar, ao menos para os crônicos e insolúveis problemas de favelas dominadas pelo crime no Rio de Janeiro.

A parceria da polícia com o forte aparato dissuasório das forças militares federais e as ocupações definitivas dessas áreas conflagradas parecia desenhar um novo paradigma para a Segurança Pública. Durante a campanha eleitoral a candidata Dilma Rousseff mencionou continuamente vagas promessas de adotar esse modelo, instalando UPPs pelo Brasil se fosse eleita. A permanência de um forte contingente de tropas do Exército no Complexo do Alemão após a ação de limpeza deixou esse quadro ainda mais complicado com o possível modelo de emprego mais frequente e extenso das "ociosas" tropas militares sempre solicitadas pela população.

Na falta de soluções para a dramática situação da segurança no país o sucesso da empreitada do Rio de Janeiro, intensamente apoiada pela mídia local, deixou fortemente sugestiva a iniciativa carioca. Quem estuda a questão da Segurança Pública, principalmente pelo foco das estratégias policiais, percebe, comparando-se momentos e localidades diferentes, que esse problema não se resolve com uma

---

[19] Uma comunidade ou cidade com essa população, em condições normais, teria um décimo desse efetivo e seria comandado por um sargento.

grande ação operacional. A segurança é e sempre será um empreendimento complexo e mais sutil que uma limitada e barulhenta operação militar.

Um dos problemas é considerar a possibilidade de generalizar a solução que é tão carioca como o Pão de Açúcar. O Rio de Janeiro tem histórico de abordagem pendular no problema de Segurança Pública em que a tendência predominante de ações repressivas se alterna esporadicamente com tentativas de abordagens de cunho comunitário que se esvaziaram com a resistência do aparato policial e com o desinteresse político de investimento social nas áreas degradadas das periferias da sociedade.

Quando reiniciaram as eleições diretas em 1983, Leonel Brizola assumiu o governo do Rio de Janeiro em um momento em que a cocaína começava a entrar vigorosamente no estado com o crescimento da demanda dessa droga na classe média. Preocupado com a criminalização da população desfavorecida das favelas, Brizola fortaleceu programas sociais fundamentado em preocupações com cidadania e criou restrições ao emprego policial nessas localidades. As estruturas policiais reagiram negativamente a essa política, entendendo que não deveriam fazer nada nessas localidades, favorecendo a instalação de facções de tráfico de entorpecentes, de início dominado pelo Comando Vermelho, que se formou a partir de célula de criminosos no Presídio de Ilha Grande, batizada como Falange Vermelha.

Na administração que se seguiu, o governador Moreira Franco (1987-1990) adotou postura agressiva, prometendo erradicar a violência no espaço de seis meses, estimulando o confronto armado e a letalidade policial. Sua gestão na Segurança Pública foi um fracasso com incremento das lutas territoriais por grupos armados e o incremento da violência no estado, inclusive por parte dos policiais. Saiu com a pior avaliação possível para um governo eleito no estado.

Brizola volta para novo mandato no período 1991-1994 alternando a política anterior alcunhada pela polícia como "pé na porta" pela política de direitos humanos, voltando-se para a polícia comunitária, em defesa do cidadão, inclusive o morador das favelas. Colocando no comando da PM o coronel Carlos Magno Cerqueira Nazaré, com formação em psicologia social e inspirado por pesquisadores e criminologistas mais atualizados da polícia norte-americana naquele momento, procurou adequar o comportamento de seus policiais aos ideais do Estado democrático de direito. Nessa época o poder das famílias que lideravam o jogo do bicho foi sendo substituído pelas facções do tráfico e continuou a prosperar a ocupação territorial das favelas pelos traficantes. Com a cultura dominante na PM da época houve enorme resistência interna, principalmente pelo retorno do coronel Cerqueira, então na reserva, criando-se um grupo de oposição na cúpula da instituição. Esse desentendimento foi crítico porque nessa época a facção do Comando Vermelho se dividiu formando o Terceiro Comando e a facção Amigos dos Amigos que iniciaram violenta disputa pelo tráfico e por territórios. Evidências da falta de respostas à sua tentativa de modernizar a mentalidade agressiva da PM foram as duas chacinas produzidas em 1993 por policiais em Vigário Geral e Candelária contra grupos de jovens.

Marcelo Alencar, ao assumir o governo do estado em 1995, chamou para comandar a Secretaria da Segurança o general do Exército Nilton Cerqueira, estimulando novamente o confronto, a ponto de instituir promoção e gratificação a policiais que matavam supostos criminosos em supostos confrontos. A letalidade policial cresceu exponencialmente, mas de alguma forma os homicídios tiveram algum grau de redução no estado e na capital.

Antony Garotinho, no mandato de 1999-2002, iniciou a gestão herdando os problemas anteriores, mas procurou inovar ações com a colaboração do antropólogo Luiz Eduardo Soares, estudioso das questões da segurança e da polícia. Uma série de importantes inovações foi adotada como a estruturação de áreas integradas de Segurança Pública (AISP) para melhorar as relações da PM e Polícia Civil no policiamento territorial, implantou um importante projeto de modernização da estrutura e atendimento das delegacias da Polícia Civil (as Delegacias Legais), instalou Ouvidoria e Corregedoria Geral. Mas não teve como evitar a continuidade e o incremento dos confrontos que produziram 2.208 mortos. As favelas continuaram com o domínio dos traficantes e as lutas territoriais.

Logo ao assumir o mandato, Rosinha Garotinho (2003-2006) se deparou com uma onda de atentados, saques, queima de ônibus e automóveis, fuzilamento de policiais, metralhamento de hotéis que gerou pânico na população. O marido da governadora e ex-governador Garotinho assumiu a Secretaria de Segurança e tentou equilibrar ações de forte repressão[20] com alguma forma de instalação permanente em favelas, criando os Grupamentos de Policiamento em Áreas Especiais (GPAE) que iniciaram suas atividades nas favelas do Pavão-Pavãozinho e Cantagalo, experiência bem-sucedida no início e que pode ser considerada predecessora das UPPs. No entanto, com a dificuldade de ampliar esse programa pela extensão da demanda e a restrição de efetivos, o secretário Garotinho acabou cedendo aos "falcões" da segurança, que esvaziaram os GPAE, e a repressão recrudesceu, chegando ao final do mandato em 2006 com 4.339 mortos em confronto com a polícia.

Na campanha eleitoral em 2006 o então candidato Sérgio Cabral afirmava que iria buscar soluções melhores que os confrontos e dizia que o "caveirão" (veículo blindado da polícia para as incursões nas favelas) estava com os dias contados. No entanto, logo ao início do primeiro mandato de Cabral (2007-2010), os discursos da segurança foram pontuados pela retórica do enfrentamento e confronto, como demonstração de coragem política. Não havia nenhum plano explícito para conduzir o aparato de Segurança Pública que, ao longo de seis mandatos pós-redemocratização, teve movimento pendular de alguns momentos de ênfase comunitária e em outros de puro confronto. O resultado de equívocos no enfrentamento do problema foi a manutenção e extensão de áreas de domínio por parte de traficantes fortemente armados dispostos à violência extrema para dominar e conquistar territórios e enfrentar as forças policiais em suas incursões periódicas. Atendendo aos apelos da população por uma solução definitiva e pressionado pelos falcões da polícia, no mês de junho de 2007 o Complexo do Alemão foi invadido por 1.200

---

[20] Em 2003, com 15 dias no cargo de secretário, Garotinho "comemorou" 100 mortes de bandidos em confronto com a polícia.

policiais, que saíram rapidamente dali, após matar 19 pessoas.[21] Com apenas um discurso e sem um plano ou um projeto estratégico, a solução nesse momento foi a de sempre, certamente influenciada pelos falcões da velha cultura da polícia: incursões e confronto, batendo recorde no estado, no Brasil e talvez no mundo democrático, com 4.370 mortos.[22] Num primeiro momento — quase todo o primeiro mandato de governo — o secretário de Segurança José Mariano Beltrame, delegado oriundo da Polícia Federal, pagou o preço do noviciado em conduzir uma máquina complexa em um território minado por histórico desabonador de confrontos e poucos hábitos de polícia preventiva eficiente.

No segundo mandato, em breves palavras, o secretário Beltrame mostrou seus talentos para o comando do aparato policial e ousou mudar o discurso além do mero confronto esporádico ou do discurso de polícia comunitária sem ações efetivas. Decidiu simplesmente fazer algo, começar de alguma maneira e em algum lugar, mesmo que não fosse uma solução global. Daí nasceu o conceito das UPPs cuja instalação sempre foi antecedida por ações de forças especiais, geralmente do Batalhão de Operações Especiais (Bope), para reduzir a possibilidade de reações e expulsar os criminosos das comunidades. Desestimulando os confrontos e sem provocar reações mais violentas pelos criminosos, os resultados começaram a ser percebidos. No Rio, na verdade desde o governo de Rosinha Garotinho vem ocorrendo uma perceptível redução de indicadores de criminalidade, salientando o homicídio, o que sugere influência da forte reação policial nos confrontos como principal fator de dissuasão, já que o fenômeno da queda dos crimes ocorre de maneira generalizada no estado e em locais distantes das UPPs.[23]

---

[21] Comissão da Secretaria Especial de Direitos Humanos da Presidência da República constatou evidências gritantes de execução: em 14 dos 19 mortos foram constatados 25 tiros pelas costas.

[22] Levantamento do Human Rights Watch em 2008 constatou que as mortes causadas por policiais correspondiam a 19,89% do total de homicídios no estado do Rio de Janeiro, contra 8,56% em São Paulo e 2,6% nos Estados Unidos.

[23] Um levantamento comparativo da evolução dos homicídios nas áreas de 8 delegacias com UPPs e 7 sem UPPs, no período entre 2004 e 2010 constatou que a redução de homicídios foi exatamente igual: 51%. Apesar de ser levantamento primário e sem outras análises, suscita a necessidade de detalhar os efeitos desse tipo de intervenção.

UNIDADES DE POLÍCIA PACIFICADORA (UPPS) E PARCERIAS (ESTADO, UNIÃO, MUNICÍPIO): UMA NOVA SOLUÇÃO?

As UPPs apresentaram uma série de pontos positivos que merecem reflexão:

1. Mostraram que áreas onde o governo abriu mão do poder de arbitrar comportamentos e impor a lei, grupos espúrios vão ocupar essas funções com suas próprias leis, principalmente se conquistarem alguma simpatia dos moradores compensando carências mal supridas pelos governantes. Ou seja, comunidades abandonadas são rapidamente dominadas por bandidos, que passam a submeter os moradores a um novo tipo de poder.
2. Mostraram que o crime nas periferias não é tão organizado como se pensa, mas amplia seu poder pela desorganização e distanciamento do aparato estadual, principalmente quando os comandos que controlam o aparato policial são hesitantes e se submetem aos hábitos repressivos da cultura policial e dos velhos policiais que fingem obedecer, mas acabam esvaziando iniciativas comunitárias.
3. Mostraram que a ocupação de áreas dominadas por criminosos não é tão problemática, desde que haja firme disposição de permanecer e manter estrutura sob comando, abrindo o diálogo perdido com a comunidade. Várias outras tentativas (GPAE, Vigilantes Comunitários) acabaram fracassando ao serem enfraquecidas por falta de padrão consistente de atuação local e falta de chefes competentes no local para manter a continuidade das ações, retornando rapidamente à situação anterior com o retorno dos criminosos, geralmente com a corrupção dos policiais ali abandonados e desmotivados.
4. Criaram oportunidade para as instâncias de estado e prefeitura planejar intervenções há muito procrastinadas e devidas a essas comunidades carentes de agências do governo e programas para atendimento de suas justas demandas.

No entanto, as UPPs têm limitações consideráveis que necessitam ser confrontadas com as vantagens para se verificar até que ponto são possibilidades concretas para atendimento de toda a demanda de segurança de centenas de favelas e comunidades periféricas. Vejamos as principais restrições:

1. As UPPs se caracterizam pela densidade de recursos policiais pouco usuais por qualquer critério de policiamento: um policial para 40 a 60 habitantes (no conjunto do estado o Rio de Janeiro tem um PM para cada 400 habitantes, aproximadamente). Segundo o jornal *O Globo* (edição de 9 de novembro de 2010), das 250 maiores favelas do estado os milicianos dominam 105 favelas, e os traficantes, 55; em levantamento do Núcleo das Violências da UERJ constatou-se, em 2008, que 41,5% das 965 favelas estavam dominadas por milícias, ou seja, em torno de 400. O governo do estado prevê implantar 40 UPPs até 2014, ano da Copa do Mundo de Futebol, com previsão de alocação de 12.500 PMs.[24] É absolutamente impensável pensar em 150 comunidades a atender com UPP, ao menos nos moldes do que é praticado no momento, mesmo com o agrupamento de várias delas sob uma mesma UPP.[25]

2. Como o próprio secretário Beltrame reconheceu em entrevista ao jornal *O Globo* — e é reclamação constante dos oficiais da PM que atuam nas UPPs, principalmente na Cidade de Deus —, não há como manter a paz e o bem-estar nessas comunidades pacificadas se não houver uma interessada e competente presença do estado em revitalizar áreas degradadas (acessos, iluminação,

---

[24] Está em curso a ampliação dos efetivos da PMERJ de 40 mil para 60 mil integrantes, pretendendo-se preparar 20 mil novos policiais até 2016, ano da Olimpíada, além de mais 5 mil que se aposentarão até lá. O estado não tem condições de formar, razoavelmente, mais que 15 mil policiais nesse período, sob o risco de comprometer severamente a qualidade dos novos policiais (ver Quadro 1).

[25] No estado de São Paulo o atendimento de comunidades estabilizadas e com algum grau de preocupação é feito com cerca de 500 bases comunitárias, sendo metade fixas e metade móveis em trailers para atender problemas temporários, além de 40 bases com moradia para a família dos policiais que ali atuam, nos moldes das bases *koban* do Japão. Essas bases atuam com 12 a 20 policiais.

áreas de lazer), instalar estruturas habituais de apoio e serviços à população (escolas, postos de saúde, creches, cartórios, delegacias de polícia, delegacia do trabalho, órgãos de defesa do consumidor e de mediação de conflitos etc.).

3. As UPPs operam com alguns privilégios que provocam ressentimentos no restante da polícia: há fartura de recursos, inclusive com prejuízos às unidades operacionais que atuam em outras localidades da cidade e do estado, além dos policiais receberem remuneração maior que seus colegas que atuam nas demais áreas do estado.

4. Duas pesquisas realizadas com policiais que atuam nas UPPs — uma da Universidade Cândido Mendes e outra realizada pelo major da Polícia Militar do Rio de Janeiro João Fiorentini Guimarães[26] — chegaram à mesma conclusão: entre 56% e 60% desses policiais estão insatisfeitos com o trabalho que realizam e gostariam de exercer atividades policiais fora das favelas. Essa insatisfação é problemática porque pode degradar a qualidade dos serviços e o relacionamento com as comunidades locais.

5. As UPPs constituem apenas um tipo de remédio no complexo tratamento que deve ser a estratégia geral da Segurança Pública do Rio de Janeiro ou de qualquer estado. Há muito por fazer na integração das polícias, ainda muito precária, nas deficiências dos sistemas de inteligência, na melhoria da qualidade do treinamento e da gestão, nas relações com as comunidades, no fortalecimento da integridade dos quadros policiais hoje com severo comprometimento em corrupção e o preocupante envolvimento em milícias e transportes clandestinos em uma extensão verdadeiramente assustadora.

6. Um dos grandes estudiosos do policiamento comunitário, Robert Trojanowicz, previa a consolidação dessa prática em uma comunidade ao longo de uma década pelo menos. Os resultados aparentemente rápidos podem se deteriorar rapidamente se houver

---

[26] Extenso trabalho de análise da história de intervenções nas favelas do Rio de Janeiro está em sua tese "Polícia, sociedade e cidadania: proposta de avaliação das unidades de polícia pacificadora do Chapéu Mangueira/Babilônia e da Cidade de Deus" apresentada no Centro de Altos Estudos de Segurança da Polícia Militar de São Paulo.

alguma revisão na importância das UPPs, o que já ocorreu com iniciativas similares no Rio (Centro Integrado de Polícia Comunitária, Posto de Polícia Comunitária, Vigilantes Comunitários, Grupamento de Policiamento em Áreas Especiais). Além disso, o mencionado aporte de agências e programas de apoio por parte dos governos do estado e da prefeitura deve fortalecer os laços comunitários comuns nas favelas para ajudar a identificar prioridades para as ações governamentais e promover ações complementares de controle informal na comunidade. Poucas comunidades têm esse sentimento de compartilhamento, de pertencimento, de comunhão de problemas e soluções e, portanto, esse potencial deve ser aproveitado para a participação nas soluções, principalmente as que afetam mais diretamente a vida dos jovens.

MILÍCIAS: QUAL SERÁ O TRATAMENTO?

As UPPs estão sendo instaladas nas comunidades dominadas por grupos de traficantes, mas existe um problema levantando questionamentos para os quais ainda não se viu resposta convincente: e as dezenas — talvez mais de duas centenas — de comunidades dominadas por milícias vão receber UPPs ou que tipo de intervenção elas terão? Percebe-se que a estratégia do governo é iniciar as intervenções nas áreas de dominação criminosa mais violenta e desafiadora, em que predominam as ações armadas com constante ameaça contra a população e a polícia. Mas é evidente que o tráfico, armado ou não, deve ser apenas parte da estratégia mais ampla, fundada na crença de que nenhum segmento da sociedade deve ser dominado por qualquer poder ilegal, sofrer constrangimento, ameaça e repressão de grupos criminosos — seja de que tipo for — que imponham suas próprias leis.

Grupos dominantes de criminosos em áreas abandonadas pelo poder público não constituem novidade. Quando começam a aparecer grupos de extermínio nas periferias esse abandono começa a apresentar sua face mais cruel, a da força ausente do estado ser substituída pela lei sem limites dos mais fortes. Acredita-se que grupos de extermínio começaram a eclodir na periferia da região metropolitana do Rio de Janeiro nas décadas de 1970 e 1980, quando comerciantes da Baixada Fluminense passaram a pagar policiais para cuidar, em suas horas de folga, dos bandidos que a polícia formal não reprimia. O método precursor das milícias já usava dos mesmos instrumentos: ameaças, surras, expulsão e execução. O problema foi detectado com o crescimento acentuado em favelas das zonas Oeste e Norte.[27]

Personalidades de relevo na política fluminense consideravam, e por muito tempo, as milícias como mal menor, porque, apesar de impor regras nas comunidades dominadas, representavam a expulsão do tráfico por policiais residentes nessas localidades. Seria aceitável, nesse raciocínio, que a população das favelas fosse submetida a algum grau de coação, desde que estivessem livres das drogas e das armas de guerra dos territórios ocupados pelos traficantes. As milícias não exibem armas como os traficantes, não dão margem a invasões da polícia nem tiroteios, são "comandadas" por profissionais da polícia. Enfim, um novo tipo de domínio ilegal que introduz perplexidade na vida dos moradores: parece mais seguro, mas depois de alguma convivência acabam percebendo que os traficantes tinham pelo menos uma vantagem: não cobravam taxa nenhuma dos moradores.

Aos poucos essa imagem favorável foi se deteriorando com as evidências de que as milícias estavam se estruturando para explorar economicamente os pobres moradores das favelas por meio da imposição de taxas a moradores e cobrança de serviços, transportes alternativos e sinal furtado de internet e TV a cabo (o denominado "gatonet").[28] Não tardaram as evidências de violência explícita e as manipulações políticas das comunidades. Em 2006 as eleições mostram possíveis ligações de candidatos com votação marcante em áreas dominadas por milícias.

---

[27] Cuidadoso levantamento de dados e análises pertinentes a respeito pode ser visto em Jailson de Souza Silva e outros publicado pela UERJ (2010).

[28] Levantamento feito pelo Ministério Público do Rio de Janeiro constatou a existência de uma tabela de cobrança mais ou menos comum nas comunidades dominadas pelas milícias: taxa de segurança por residência, R$ 10 (por mês); taxa mensal para comércio, R$ 50 a 200; botijão de gás, R$ 39; transporte alternativo, R$ 270 a R$ 325 por semana; gatonet, R$ 18 por mês; entregador de compras, R$ 20 por vez.

Em agosto de 2007, o presidente da Associação de Moradores da favela Kelson, Jorge Silva Siqueira Neto, denunciou abusos da milícia local, o que levou alguns PMs a serem presos e logo depois foi assassinado, levantando claramente a gravidade do problema. Apenas no início de 2007 as autoridades de segurança reconhecem o problema e prometem reprimir. O inspetor Felix dos Santos Tostes, vinculado à milícia de Rio das Pedras, é investigado por esse relacionamento e assassinado meses depois. Em dezembro de 2007 Nadinho, líder comunitário da comunidade de Rio das Pedras, é acusado de chefiar a milícia local. Em abril de 2008 o deputado estadual Natalino José Guimarães e seu irmão, o vereador Jerônimo Guimarães Filho (apelidado Gederomínho), são acusados com outras pessoas pelo Ministério Público por formação de quadrilha, acusados de chefes da milícia conhecida como "Liga da Justiça", na zona Oeste.

Apesar das evidências de abuso e de violência similares aos das comunidades dominadas por traficantes, as autoridades e a Assembleia Legislativa do Rio de Janeiro somente decidiram tomar medidas mais sérias quando, em maio de 2008, jornalistas do jornal *O Dia* que faziam observações veladas dentro de uma comunidade foram sequestrados por milicianos e torturados por algumas horas; mesmo sob ameaça, denunciaram o fato, desfazendo a tolerância do "mal menor" propagada até então.

Por saber da ligação com policiais com as milícias, as denúncias nas delegacias eram evitadas, mas passaram a ser encaminhadas anonimamente através do Disque-Denúncia, serviço de denúncias telefônicas anônimas controlado por civis. Em 2005 nenhuma denúncia sobre milícia foi registrada, mas entre março de 2006 e abril de 2008 foram registradas 3.469, e em 2008 a média de registros foi de 10 ao dia exclusivamente sobre as milícias.

Denúncias vindas da Baixada Fluminense e outras regiões distantes da área metropolitana e Niterói, além de cidades como Nova Iguaçu, São João do Meriti, Duque de Caxias, Itaguaí, Belfort Roxo mostram expansão do fenômeno. Nas denúncias são muito frequentes os homicídios, a extorsão, mas surpreende a alta incidência de denúncia de tráfico de drogas, desfazendo o mito de que as milícias seriam o tal mal menor por afugentar o tráfico.

Grupos dominantes sempre existiram e existem em áreas urbanas densas e desordenadas onde o Estado está ausente para assistir a população, arbitrar conflitos e impor as regras de ordem e convivência, praticamente deixando essas incumbências a grupos informais que acabam dominados por lideranças e grupos criminosos. O que acabou ocorrendo e se expandindo no Rio de Janeiro foi a alternativa de grupos de policiais que se sobrepuseram aos grupos de extermínio contratados por comerciantes da periferia para intimidar criminosos locais. Os policiais encontraram ambiente receptivo para exercer um tipo de poder baseado na força, para fazer algo que suas instituições não estavam formalmente fazendo ou pelo menos sendo minimamente eficientes para afastar os criminosos mais perturbadores dessas localidades. Demorou pouco para os policiais perceberem o potencial de venda de proteção preventiva, indo além de meras atuações remuneradas pontuais, até chegar ao extremo de vender proteção para sua própria capacidade de agressão. Essa intensa interferência na vida cotidiana aparentando uma ordem moral supostamente superior à do tráfico já não engana mais pela evidência da exploração lucrativa da população intimidada por penas similares às dos traficantes: ameaças, agressões, expulsão e execução. A sede pelos lucros, depois de quebrar qualquer barreira moral, acaba, frequentemente, em associação com o lucrativo comércio do tráfico; é provável que mais adiante milícias e traficantes se articulem para a expansão dos negócios do tráfico com o aumento da demanda devido à expansão da renda e da classe média e o incremento do turismo com os grandes eventos trazidos ao Rio.[29]

As milícias são ameaçadoras anomalias em centenas de comunidades e perturbadoras porque lideradas, em boa parte, por membros do poder público do braço armado — e criminoso, no caso — do estado. Dominados pela baixa hierarquia policial (PMs da ativa e aposentados, bombeiros, policiais civis e agentes penitenciários), esses territórios

---

[29] A Secretaria da Fazenda do estado do Rio de Janeiro estimou a economia anual do crime da droga na capital carioca: R$ 211 milhões na venda de cocaína, R$ 54 milhões com a maconha e R$ 51 milhões com o crack, movimento de quase R$ 1 milhão por semana.

não estão retraindo e na verdade avançam sobre novas áreas, inclusive no transporte clandestino.[30] Em um momento em que se especula uma provável inflexão das facções de traficantes em um modelo mais leve e menos ameaçador que assegure a lucratividade dos negócios do tráfico, os territórios dominados por milícias podem se tornar a nova frente de combate da Segurança Pública do Rio, além, é óbvio, da estratégia global para a criminalidade difusa que perturba a vida da sociedade em todo lugar.

FORÇAS ARMADAS — A RECENTE EXPERIÊNCIA NO RIO DE JANEIRO: UM NOVO MODELO DE APLICAÇÃO?

Em novembro de 2010, com o início da retomada pelas forças de segurança das principais cidadelas do tráfico do Rio de Janeiro — Morro do Cruzeiro e a seguir o Complexo do Alemão —, as forças armadas romperam o antigo discurso e também a interpretação anterior da legislação que regula sua participação em ações de Segurança Pública nas áreas urbanas. Até então, o discurso dos militares federais era de restringir sua atuação nas fronteiras, ou em apoio logístico (basicamente transporte, alojamento, comunicação e insumos de inteligência) em algumas operações policiais, reservando sua maior presença quando o governador do estado reconhecesse sua incapacidade de conter o grave rompimento da ordem pública e pedisse, por escrito, o apoio federal, que passaria a comandar todo o aparato de segurança.[31]

---

[30] Na revista *Época* de 7 de junho de 2008 a jornalista Ruth de Aquino registrou a fala do secretário Beltrame sobre as milícias: "Sei quantos são, em que batalhões estão e onde atuam. Tenho mil páginas em três volumes com fichas e nomes. Mas não adianta largar no Judiciário sem provas. Não é fácil, mas vamos fazer." Apesar de dezenas de prisões de milicianos, o fato é que as milícias continuam com forte presença nas favelas.

[31] A Lei Complementar n. 97, de 9/6/1999, alterada pela Lei Complementar nº 117, de 2/9/2004, e os artigos 142 e 88 da Constituição Federal atribuem às Forças Armadas a GARANTIA DA LEI E DA ORDEM e ação subsidiária/complementar na segurança pública. No parágrafo 2º do artigo 15 da Lei Complementar nº 97 há previsão de atuação das forças armadas na garantia da lei e da ordem (GLO) se esgotados os instrumentos destinados à preservação da ordem pública e da incolumidade das pessoas e do patrimônio (polícias locais e polícia federal).

Na verdade, houve uma sucessão de passos cuidadosamente preparados, principalmente pelo Exército, para chegar até esse momento. A legislação federal ampliou a competência do Exército para atuar em ações de prevenção nas fronteiras, praticamente dando-lhe poder de fiscalizar pessoas e veículos suspeitos. A sucessiva experiência internacional de intervenção urbana na força expedicionária do Haiti também formou hábitos de comando, de organização das tropas, de operações em ambientes urbanos.

Após apoiar a grande operação policial com aparato de carros de combate as tropas do Exército foram solicitadas para permanecer no Complexo do Alemão para efetuar ações típicas de policiamento até sua substituição meses depois por pessoal da PM que estava em treinamento. O Ministério da Defesa deu seu aval e tropas especiais, com experiência no Haiti, foram designadas sob comando de um general de brigada.

Depois do questionamento se as UPPs constituiriam solução para áreas críticas de violência, passamos a outro questionamento, a partir da experiência recente do Rio de Janeiro: essa parceria das forças policiais com tropas das Forças Armadas poderia ser uma solução regular para outras áreas urbanas?

Alguns pontos devem ser esclarecidos.

Por mais treinamento que os militares tenham e mesmo experiência no Haiti, não se pode esperar que eles tenham competência técnica para atuar de forma contínua e prolongada em atividades típicas de policiamento. A experiência do Haiti deve ser considerada com muita reserva porque naquele país a atuação militar dispõe de desenvoltura própria de operações em sociedades desestruturadas, com instituições fragilizadas e com mínimo escrutínio por parte da sociedade, da imprensa e de órgãos de vigilância dos direitos civis, o que não é o caso de qualquer área no Brasil. A atividade de policiamento nas sociedades modernas e democráticas requer treinamento e estruturas mais refinadas do que um treino simples de patrulhamento, de abordagem de pessoas e uso da força, tanto que um PM em São Paulo não está plenamente capacitado para atuar no policiamento antes de dois anos de treinamento, com cerca de duas mil horas de aulas. Bem diferente das nove páginas de normas de conduta passada aos militares que atuam no Complexo do Alemão. É preocupante, sobretudo, a persistência da atitude militarizada e inadequada de conceber como resistência passível de disparo alguém que rompa uma barreira ou desobedeça a ordens de uma barreira.[32] Não existe norma em país democrático ou dever legal que autorizem atirar em suspeitos, mesmo em fuga, que rompam barreiras de policiais ou desobedeçam a ordens legais. Um confronto tão comum no Rio de Janeiro em que uma ação policial produz saldo de oito mortos de supostos traficantes pode ser considerada consequência de operação técnica, mas o mesmo resultado produzido por contingente do Exército teria inevitáveis desdobramentos políticos e indagações no mínimo desconfortáveis.

Em resumo: as Forças Armadas podem agir de forma sistemática em locais apropriados, como é o caso das fronteiras, onde simplesmente não há opção pela absoluta falta de recursos e a estrutura social é mais simples que os centros urbanos. Atuando em ambientes urbanos mais complexos, não devem agir de forma contínua, além do momento de superação de crise em que sua presença foi necessária. A partir da superação do problema, os militares devem passar o encargo para os policiais ou, quando muito, atuar em retaguarda com força dissuasória complementar, deixando abordagens para os efetivos policiais.

Para esclarecer bem, quando aplicar as Forças Armadas em contexto interno no país:

- A aplicação mais adequada do aparato militar deve ser nos momentos de gravíssimo comprometimento da ordem pública, em decorrência de greves de policiais, ações localizadas ou disseminadas de banditismo que escapem à capacidade de controle das forças policiais, principalmente quando afetam grave e consistentemente (mais de uma semana geralmente) setores essenciais, como o transporte público, trânsito, escolas, instituições públicas (escolas, fóruns etc.) e a disseminação de ataques a alvos civis. Nesse caso, a convocação do Exército ocorrerá por solicitação

---

[32] Essa afirmação consta de entrevista do general Enzo Martins Peri, Comandante do Exército na revista *Veja* de 19/1/2011.

formal do governador do estado ou por declaração de estado de defesa.

- Em apoio às polícias locais ou à Polícia Federal nas ações de maior complexidade em áreas rurais inóspitas (problemas de garimpeiros, indígenas, posseiros etc.).
- Em situações de ameaça à normalidade de pleitos eleitorais, conforme solicitação das autoridades.
- Em situações envolvendo eventos de grande porte com chefes de Estado estrangeiros ou eventos nacionais cuja envergadura e complexidade demandem sua competência em planejamento, logística e distribuição rápida e segura de forças para ações de prevenção.
- Em situações de prevenção ou ação de repressão e reparação de atos terroristas.
- Em crises nas fronteiras, de banditismo a ameaças de invasões de grupos de criminosos estrangeiros.
- Em apoio a situações graves de defesa civil.

A questão da participação dos militares na Segurança Pública oferece a oportunidade para a discussão do papel das Forças Armadas, de sua organização e condições de operação. Mas devemos respeitar essas organizações altamente profissionalizadas e não vê-las apenas como um grupo dispendioso e ocioso ao qual se pode recorrer para ajudar a distribuir alimentos, fazer programas educacionais para jovens, construir estradas ou fazer policiamento. Não se pode pensar em um país de dimensões continentais e com fronteiras problemáticas sem potencializá-lo com Forças Armadas de alta capacidade dissuasória, dando-lhes os recursos necessários para a execução de suas missões. Pensar o posicionamento adequado entre a cooperação eficaz e oportuna desse contingente valioso e preservar Forças Armadas de alta capacitação é responsabilidade não só do governo, mas de toda a sociedade brasileira atenta com o patrimônio e o futuro da nação.

O que não se pode é admitir que as Forças Armadas tomem as ruas para atender conveniências políticas fora de um contexto maior de controle da criminalidade ou de ações próprias de sua fundamentação legal, como nos estados de defesa e de sítio. O Brasil necessita de um corpo de Polícia Militar Federal para essas ações, já que o precário arranjo da Força Nacional de Segurança é inadequado para a maioria das crises, tanto que não teve qualquer papel nas operações do Rio de Janeiro.[33] Precisaríamos constituir uma Guarda Nacional sob o Ministério da Defesa ou Ministério da Segurança Pública (que deveríamos ter) para essas atuações emergenciais e as ações permanentes nas fronteiras.

O QUE VAI ACONTECER?

Em 2006 tive oportunidade de fazer considerações no XVIII Fórum Nacional do Instituto Nacional de Altos Estudos sobre um conjunto de medidas básicas necessárias para a Segurança Pública no Brasil e acredito que elas ainda estejam válidas.[34] Nesses cinco anos tivemos evolução séria e consistente na Segurança Pública apenas nos estados de São Paulo e Minas Gerais. Quase todos os programas do governo federal nos últimos oito anos ficaram apenas no discurso, como a promessa de reduzir o índice de homicídios para 12 por 100 mil habitantes ao final do governo Lula em dezembro de 2010. O Brasil continua patinando no índice de 24 a 25 mortos por 100 mil, mata jovens como poucos países, está entre os recordistas em mortes no trânsito e é, possivelmente, o segundo maior consumidor de cocaína do planeta em uma humilhante posição para uma nação que se pretende inserida nos melhores padrões internacionais de desenvolvimento.

Como os primeiros sinais do novo governo federal mostram frágeis evidências de transformações institucionais significativas nos aparatos de segurança[35], o prognóstico aponta para a mediocridade. Vai se tentar — mais uma vez — o mesmo discurso: integração das polícias, gestão

---

[33] Tropas de ações em crise precisam de formação homogênea e longa experiência em conjunto, o que não é possível nesse arranjo de policiais de variada origem e preparação.

[34] As sugestões constam de artigo, especialmente nas páginas 499 a 519, no livro *Por que o Brasil não é um país de alto crescimento?*, da Editora José Olympio, editado em 2006.

[35] A principal medida seria unificar as polícias civil e militar, fundindo-as numa única e nova polícia, para superar a irracionalidade da dupla e cara estrutura que sempre inviabilizará os esforços de integração.

integrada, articulação com programas sociais locais, recursos privilegiando governos ligados à "base aliada", contingenciamentos de orçamento do setor para assegurar superávit primário etc.

Na verdade, a probabilidade é que os problemas se agravem, já que a impunidade reinante no país está recebendo um reforço que poucas nações no mundo teriam a coragem de propor. Com a sanção da Lei Federal nº 12.403 em 5 de maio de 2011, a prisão em flagrante e a prisão provisória só passam a caber em crimes com penas superiores a quatro anos, cabendo fiança e a aplicação de nove tipos de medidas cautelares em substituição à prisão (como recolhimento noturno à residência) que, evidentemente, ficarão sob precária fiscalização. Como o governo não quer construir prisões e casas de detenção (existem quase 100 mil presos em delegacias pelo país), parece que resolveu o problema evitando que criminosos sejam presos, impedindo que inúmeros crimes que atormentam a vida da sociedade recebam a resposta dissuasória adequada. Sairão da delegacia — provavelmente antes de suas vítimas e dos policiais que os prenderam — aqueles bandidos que formaram quadrilhas, a legião de ladrões que furtaram, os que forem apanhados com armas proibidas (fuzis, pistolas) ou usando explosivos, os que provocaram lesões corporais dolosas, os receptadores e contrabandistas, os que submeterem outras pessoas a cárcere privado entre tantos outros. Aos entusiastas das penas alternativas com critérios frouxos é oportuno lembrar que bandidos perigosos também praticam furtos, a carreira de muitos criminosos tem seus primeiros estágios em furtos e agressões e eles terão oportunidade para afrontar progressivamente a sociedade com as benesses confortáveis da nova emenda de lei penal. A análise comparativa internacional tem mostrado o resultado desse equívoco: nos Estados Unidos, onde a legislação é particularmente dura com os ladrões, há menos roubos a residências e a veículos que na Inglaterra, onde é comum a pena alternativa a crimes menos violentos. A lei, ao que tudo indica, foi feita especialmente para proteger os que cometem crimes em fraudes contra licitações e contra as finanças públicas, mas acabou atingindo variados tipos de malfeitores que infernizam nossas ruas. Nunca poderemos ver no Brasil as cenas do executivo francês Dominique Strauss-Kahn, diretor-gerente do FMI, saindo algemado da primeira classe do avião por ter molestado sexualmente uma funcionária do hotel, nem dos jovens alemães recentemente apanhados agredindo uma pessoa que foram recolhidos imediatamente à prisão e em menos de uma semana condenados em regime fechado.

Sem uma consistente estratégia e a alocação inteligente de recursos para a Segurança Pública, a dura previsão é de que ao final do primeiro mandato da presidente Dilma Rousseff, em dezembro de 2014, terão morrido violentamente pelo menos 300 mil pessoas e mais de 20 milhões terão sido assaltadas, ficando o custo da violência em seu governo acima dos R$ 600 bilhões. Vamos torcer para que essa previsão esteja equivocada, até porque haverá pressão do calendário da Copa do Mundo de Futebol que criará oportunidade excepcional de romper a histórica procrastinação de soluções concretas para a Segurança Pública.

Quadro 1
PMERJ: CRISE À VISTA COM O AUMENTO EXAGERADO DE EFETIVOS

Ao saber que os chineses empregaram 70 mil policiais para suas Olimpíadas o governador Sérgio Cabral determinou que a PM chegasse ao teto de 60.484 integrantes, através da Lei nº 5.467 de 8 de junho de 2009. Somados aos efetivos de aproximadamente 10 mil da Polícia Civil, o Rio passaria a ter os 70 mil policiais "olímpicos" até 2016. Haveria condições para formar bem 20 mil novos policiais, além de outros cinco mil que terão se aposentado nesse curtíssimo tempo de cinco anos? Não há condições para vencer esse desafio, sem comprometer seriamente o quadro de recursos policiais com integrantes de baixa qualidade. Há um coeficiente que se tem mostrado o limite da prudência em recrutamento e preparação anual de policiais com a qualidade básica necessária: 5% do efetivo existente. No caso do Rio de Janeiro essa referência seria de dois mil ou, chegando ao limite da imprudência, três mil novos policiais ao ano, consolidando-se o efetivo total em pelo menos oito ou nove anos (2019 ou 2020). Com um policial para cada 228 habitantes, o Rio de Janeiro passaria a ter um dos maiores contingentes policiais do planeta. Para dar suporte ao novo dimensionamento de efetivos (praticamente 50% maior que o atual) foram previstos 77 novos coronéis (são 60 em São Paulo, para aproximadamente 100 mil PMs), 286 tenentes-coronéis, 736 majores (429 em São Paulo). Esses quadros de recursos deveriam ser preenchidos proporcionalmente até o preenchimento final dos efetivos em 2016 ou quando fosse possível (provavelmente 2019). Mas esses quadros já foram preenchidos antecipadamente, sugando-se recursos preciosos da hierarquia inferior, justamente aquela que mais lida com o efetivo operacional. O verdadeiro festival de promoções chegou ao exagero inconsequente, com a incrível promoção além da previsão de vagas: em março havia 103 coronéis para as 77 vagas existentes (existindo, portanto, 26 coronéis sem ter o que fazer). Curioso também o fato de estarem fixadas 8.506 vagas para graduados (subtenentes, 1º, 2º e 3º sargentos), mas existirem quase 12 mil graduados (em março de 2011 eram 11.357). Mas o lado mais retrógrado foi a criação de uma larga variedade de especialistas (2.331 oficiais entre os quais 850 médicos, 312 dentistas, 100 psicólogos, 50 nutricionistas, 40 farmacêuticos, 20 capelães), quando poderiam ser contratados civis, com menor comprometimento salarial e de estabilidade funcional. O impacto total do custo desses especialistas, incluindo os custos indiretos como futura aposentadoria pode chegar a R$ 250 milhões ao ano. Logo após os Jogos Olímpicos a segurança do Rio de Janeiro acentuará a crise que começará a ser desenhada por volta de 2013 com os novos efetivos malformados e mal supervisionados, engrossando milícias e aproveitando-se da cultura existente de corrupção e achaque. Com os oficiais se espremendo em busca da alta hierarquia onde ficam distantes da atividade operacional a tropa estará mal controlada e os custos irão às alturas com a paquidérmica estrutura de especialistas que comprometerão definitivamente as possibilidades de retribuição salarial condigna aos policiais militares. Controle, integridade e qualidade, tão necessários na polícia moderna, dependem da qualidade de alguns fatores críticos: seleção, formação profissional, supervisão operacional e gestão. Nenhum desses fatores está seriamente presente nos planos de aumento de efetivos da PM carioca. O preço a ser pago no futuro próximo será muito alto, em todos os sentidos.

REFERÊNCIAS BIBLIOGRÁFICAS

BEATO, C. Políticas públicas de segurança e a questão policial, revista *São Paulo em Perspectiva*, 13 (4), São Paulo, 1999.

CERQUEIRA, D.; CARVALHO, A.; LOBÃO, W.; RODRIGUES, R. *Análise de custos e consequências da violência no Brasil*. Ipea, publicação do Instituto de Pesquisas Econômicas Aplicadas (Ipea), Brasília, 2007.

DE SANCTIS, Fausto M. A blindagem do crime econômico, postado no blog Luis Nassif On line de 4/6/2011.

ÉPOCA, edição de 7 de junho de 2008.

GUIMARÃES, J. F. Polícia, sociedade e cidadania: proposta de avaliação das unidades de polícia pacificadora do Chapéu-Mangueira/Babilônia e da Cidade de Deus. Tese de doutorado apresentada no Centro de Altos Estudos de Segurança da Polícia Militar de São Paulo.

O GLOBO, edição de 9/11/2010.

ONU. Office on Drugs and Crime. World Drug Report 2011 (United Nations Publication, Sales nº E.11.XI.10), texto em PDF.

VELLOSO, J. P. R. (coord.). *Governo Lula: novas prioridades e desenvolvimento sustentado*. Rio de Janeiro, Editora José Olympio, 2003.

_____. *Por que o Brasil não é um país de alto crescimento*. Rio de Janeiro, Editora José Olympio, 2006

SÁNCHEZ, F. *Las cuentas de la violência*. Bogotá, Grupo Editorial Norma (colección Vitral), 2007.

SILVA, J. S.; FERNANDES, F. L.; BRAGA, R. W. *Grupos criminosos armados com domínio de território: reflexões sobre a territorialidade do crime na região metropolitana do Rio de Janeiro*. Justiça Global, publicação da Universidade Estadual do Rio de Janeiro, 2010.

VEJA, edição de 19/1/2011

WAISELFITSZ, J. J. *Anatomia dos homicídios no Brasil*. São Paulo: Instituto Sangari, 2010.

_____. *Mapa da violência: os jovens da América Latina*. São Paulo: Instituto Sangari, 2008.

Este livro foi impresso nas oficinas da
Distribuidora Record de Serviços De Imprensa S.A.
Rua Argentina, 171 - Rio de Janeiro, RJ
para a
Editora José Olympio Ltda.
em setembro de 2011
*
79º aniversário desta Casa de livros, fundada em 29.11.1931